보길도 부용동 원림

정재훈 글
황헌만 사진

열화당

내 벗이 몇인가 하니 수석(水石)과 송죽(松竹)이라
동산에 달 오르니 그 더욱 반갑구나
두어라 이 다섯밖에 또 더하여 무엇하리

구름빛이 맑다 하나 검기를 자주 한다
바람소리 맑다 하나 그칠 적이 하노매라
맑고도 그칠뉘 없기는 물뿐인가 하노라

꽃은 무슨 일로 피면서 쉬이 지고
풀은 어이하여 푸르는 듯 누루나니
아마도 변치 않음은 바위뿐인가 하노라

더우면 꽃이 피고 추우면 잎 지거늘
솔아 너는 어찌 눈 서리를 모르느냐
구천(九泉)에 뿌리 곧은 줄을 그로 하여 아노라

나무도 아닌 것이 풀도 아닌 것이
곧기는 뉘 시키며 속은 어이 비었느냐
저렇고 사시에 푸르니 그를 좋아하노라

작은 것이 높이 떠서 만물을 다 비치니
밤중의 광명이 너만한 이 또 있느냐
보고도 말 아니하니 내 벗인가 하노라
──尹善道「五友歌」1642년

머리말

 보길도 부용동(芙蓉洞)은 우리 국문학사상 뚜렷한 자리를 차지하고 있는 고산(孤山) 윤선도(尹善道)의 창작의 산실이었다. 창조란 어쩌면 갈등과 좌절과 고독 속에서 더 빛나는 생성이 있는지도 모른다. 부용동에 가면 고산의 이러한 시대적 고뇌를 엿볼 수 있다.

 부용동 원림(園林)의 조원(造苑) 유적은 한 시대 안목 높은 시인(詩人)이 경영한 독특한 착상이 있고, 그가 평시에 품었던 사상이 한 덩이 바위 한 조각 편액에 스며 흐르고 있다. 부용동 조원 유적은 토목이나 건축 조경의 기술적 측면만으로는 모두를 이해하기가 어렵고, 그의 시가나 사상의 내면적 영역까지도 살펴보아야 할 것이다.

 그간에 부용동 유적을 조사 연구한 글들이 여러 차례 발표되었는데, 자료의 부족으로 미흡한 일면들이 있었다. 그러던 차 근간에 고산의 5대손 윤위(尹愇)가 1748년 보길도를 답사하고 그의 선조 고산의 유적을 자세히 기록한 『보길도지(甫吉島識)』 기행문이 발견되어 보길도의 고산 유적을 연구하는 데 많은 도움을 얻게 되었다.

 문화재관리국에서는 이『보길도지』를 이정섭(李廷燮) 전문위원의 국문번역문과 필자의 보길도 유적 해설을 담아, 1985년 『보길도윤고산유적(甫吉島尹孤山遺蹟)』이란 소책자로 발간한 바 있다. 그리고 전남대학교 내에 설립되어 있는 고산연구회(孤山研究會)가 『고산문화유적조사연구보고서』를 1988년 발간했다. 이 보고서에는 고산 유적을 다방면으로 연구한 글들이 실려 있다. 또한 1981년 완도군이 『보길도윤고산유적조사보고서』를 간행한 것이 있다.

이번 기회에 그간의 이러한 연구 결과를 집약하고자 하였으나, 한정된 범위에서 부족함도 있었을 것이다. 이 유적은 앞으로도 계속 연구 조사되어야 할 것이다. 1989년 11월 세연정터와 석실터를 조사 발굴하여 추정 복원도를 작성했는데, 그 자료를 함께 싣는다. 또한 이 책에는 참고로 『보길도지』 번역문을 일부 발췌하여 원문과 같이 실었다.

이 책이 우리 조원을 연구하고자 하는 분들과 보길도 유적에 관심있는 분들에게 작은 도움이라도 되었으면 한다.

1990년 1월

정재훈

보길도 부용동 원림·차례

1. 보길도의 지형과 자연

보길도는 완도에서 남쪽으로 32킬로미터, 해남 반도의 남쪽 끝에서 12킬로미터 떨어져 있는 섬으로, 완도에서 쾌속정을 타면 한 시간 정도 걸린다. 섬의 크기는 동서가 12킬로미터, 남북이 8킬로미터, 면적이 3,690헥타르에 이른다. 제일 높은 봉은 격자봉(格紫峰)인데, 해발 435미터의 산이다.

윤고산의 유적이 있는 부용동은 해발 300미터 내외의 산맥이 남과 북으로 병풍처럼 아늑히 감싸 주고 있으며, 북동쪽을 향해 골이 열려 있다. 그래서 태풍이 와도 피해가 없고, 겨울에는 북풍을 막아 주어 따뜻한 기온을 유지한다. 연평균 기온은 섭씨 14도, 강수량은 1,400밀리미터쯤 되며, 상록 활엽수가 많은 난대지방이다.

보길도 입구인 황원포에서 세연정 계원까지의 거리는 약 2킬로미터쯤 되며, 세연정에서 격자봉 중허리의 낙서재까지도 약 2킬로미터이다.

부용동의 지세를 보면, 격자봉을 주산(主山)으로 하여 정북방 혈진(穴田)에 낙서재터(樂書齋)가 있다. 격자봉을 중심으로 서쪽으로 뻗어내린 산세는 낭음계(朗吟溪)와 미전(薇田), 석애(石崖), 석전(石田)으로, 좌측이 되었으며, 내룡(內龍)의 지세를 형성했다. 격자봉에서 북으로 뻗어 낙서재의 오른쪽을 곱게 감싸고 돈 것이 하한대(夏寒臺)이다. 이는 낙서재쪽에서 볼 때 우측

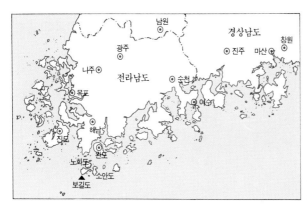

지도에서 본
보길도의 위치.

11

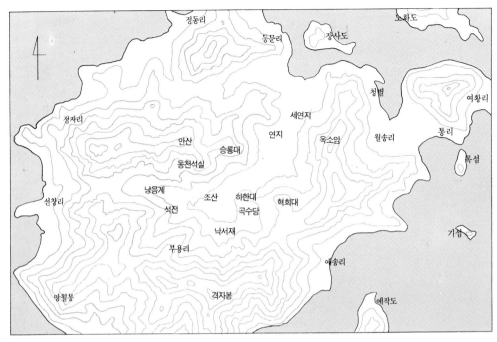

보길도의 유적 배치도.

이 되어 백호(白虎)의 지세를 형성했다.

격자봉과 2킬로미터쯤 떨어진 거리에 있는 안산(案山)은 높이 솟은 세 봉우리로 이루어져 있는데, 동천석실(洞天石室)과 승룡대(升龍臺)가 있다.

낙서재쪽에서 보면 좌측에는 미전과 석애, 우측에는 하한대와 혁희대(赫羲臺) 그리고 안산만이 보인다.

낭음계 계곡을 흐르는 계류는 3.5킬로미터쯤 북으로 흘러내려와 다시 세연정 계원에 흘러들었다가 바다에 이른다. 또 격자봉에서 북쪽으로 뻗어내린 산줄기는 세연지 옆 산봉우리까지 와서 끝나는데, 그 산중턱에 옥소대(玉簫臺) 바위가 있다. 이 옥소대가 계담(溪潭) 속에 그림자를 드리운다. 산줄기의 등성이마다 백옥 같은 바위들이 늘어서 있어 하늘로 통하는 석대(石臺) 같기도 한 절경을 이루었다.

섬이란, 무더운 구름과 습기찬 해풍이 서리는 곳이다. 그러나 부용동은 지기(地氣)가 청숙(淸淑)하고 시원하게 펼쳐진 들이 있으며, 파도소리마저도 들리지 않는 곳이다. 계곡에는 늙은 동백이 울창한 숲을 이루고, 유자, 석류, 석란, 산다(山茶) 등이 있으며, 맑은 계류가에는 죽림이 청청하다. 옛날에는 사슴과 노루 등 산짐승이 많았다고 한다.

『보길도지』에서는, 고산이 이곳을 부용동이라 한 연유에 대해, "지형이 마치 연꽃 봉오리가 터져 피는 듯하여 부용(芙蓉)이라 이름했다"고 한다. 『고산유고(孤山遺稿)』에도 다음과 같은 시구가 있다.

부용동은 중국의 부용성이며	芙蓉城是芙蓉洞
옛날 꿈꾸던바 그곳 전경 얻었네	今我得之古所夢
세인들은 신선이 산다는 선도(仙島) 알지 못하고	世人不識蓬萊島
다만 기화와 요초만을 찾고 있네	但見琪花與瑤草

이를 보면, 고산이 중국의 부용성 선유고사(仙遊故事)를 염두에 두고 부용동이란 이름을 택한 것으로 판단되기도 한다.

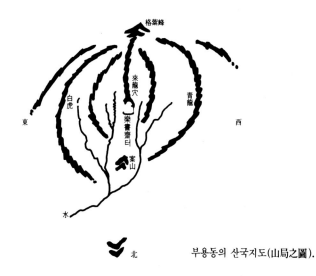

부용동의 산국지도(山局之圖).

완도항에서 배를 타고 한 시간쯤 남으로 내려가면 해남반도
남단으로 아름다운 섬들이 그림같이 펼쳐지는데, 이 중 노화도와
마주한 섬이 보길도이다. 사진 왼쪽의 돌출된 곳이 포구이다.

고산이 다도(茶道)를 즐기던 차바위에서 바라본 부용동 전경.
『보길도지』에서는 고산이 이곳을 부용동이라 한 연유에 대해
"지형이 마치 연꽃 봉오리가 터져 피는 듯하여 '芙蓉'이라
이름했다"고 전한다. 사진 중앙에 제일 높은 격자봉이 보이며, 그
아래에 낙서재터가 있고, 낭음계·미전·석애·석전이 오른쪽에,
하한대·혁희대 등이 왼쪽에 있어 좌청룡(左靑龍) 우백호(右白虎)의
지세를 형성하고 있다. 들판 가운데 작은 고분 같은 산이 조산이고,
차바위 뒤편이 동천석실 지역이다.(pp. 16-17)

2. 윤선도의 일생과 부용동에서의 생활

고산(孤山) 윤선도(尹善道)는 아름다운 자연을 벗해 그 아름다움을 시조 또는 노래로 표현하여 높은 경지를 이룬 시인이다. 그가 예순다섯 살 때 금쇄동에서 지은 「산중신곡(山中新曲)」이나 물·돌·대나무·소나무·달을 벗삼아 노래한 「오우가(五友歌)」, 예순다섯 살 때 부용동에서 지은 「어부사시사(漁父四時詞)」 등은 모두 자연의 아름다움을 노래한 우리 국문학사의 빛나는 작품들이다.

윤선도는 선조 20년인 1587년 서울에서 태어났다. 그는 뚜렷한 선생도 없이 경사백가(經史百家)·의약·음양·지리 등에 관한 책을 읽으며 혼자서 공부하여 스물여섯 살에 진사시(進士試)에 장원급제했다. 당시 일부 신하들은 우매한 광해군을 둘러싸고 권력다툼과 권력행사를 무절제하게 하여 조정의 질서와 기강은 난맥을 이루고 있었다. 그런 상황을 보고 초야에 있는 몸임에도 불구하고, 당시 국권을 마음대로 휘두르고 있던 이이첨(李爾瞻)의 전권난정(專權亂政)을 공격하다가 1616년 서른 살에 경원(慶源)으로 유배당했고, 2년 뒤 다시 경남 기장(機長)으로 유배지가 이동되었다. 그가 서른일곱 살 때 인조반정(仁祖反正)이 일어나 8년만에 자유의 몸이 되었다. 그는 스스로 관직을 떠나 향리인 해남에서 자연과 시가에 잠겼다가 인조 6년 봄 상경하여 별시(別試) 문과초시(文科初試)에 합격했다. 당시 시험관이었던 이조판서 장유(張維)의 추천으로 그는 송시열(宋時烈)과 함께 그해 3월부터 봉림(후에 孝宗), 인평(麟坪) 두 대군의 사부(師傅)가 되었다. 그는 사부로서 엄격히 학문의 기틀을 세워 두 대군을 가르쳤는데, 특히 봉림대군은 스승으로서의 고산을 잘 따르고 존경했다.

그래서 윤선도는 인조 13년에 이르는 7년간 인조의 총애를 받으며, 공조정랑(工曹正郎)·호조좌랑(戶曹佐郎)·형조정랑(刑曹正郎)·사복첨정(司僕僉正)·한성서윤(漢城庶尹)·예조정랑(禮曹正郎)·관서경시관(關西京試官)·세자시강원문학(世子侍講院文學) 등을 지냈다. 그러나 재상 강석기(姜碩期)

등의 질시로 성산현감(星山縣監)으로 좌천된 뒤 1635년 해남으로 돌아갔다.

고향에 돌아와 있던 고산이 쉰 살 되던 1636년 병자호란(丙子胡亂)이 일어났다. 인조는 허둥지둥 남한산성으로 피난했고, 빈궁과 원손대군(元孫大君)은 강화도로 피신했다. 그는 소식을 듣자마자 향리의 자제(子弟)와 집안의 노복 수백을 모아 배를 타고 밤낮을 가리지 않고 풍랑을 헤치며 강화도에 이르렀으나 강화도마저 이미 적에게 함락된 후였다. 그때 인조는 남한산성에서 적군의 포위망을 뚫고 영남에 피신했다는 소문이 돌고 있었다. 그러나 귀향하는 뱃길에서 인조가 청나라에 항복했다는 소식을 듣고 울분한 그는 다시는 세상을 보지 않을 결심으로 그 길로 탐라(耽羅)로 향했다. 탐라로 가는 도중 그는 수려한 산봉우리로 에워싸인 보길도를 지나게 되었다. 이 섬은 산과 내가 아름답고 아늑하여 그의 마음을 매혹시켰다. 기암절벽과 동백나무가 어우러진 섬의 아름다운 경치와 그윽함에 이끌린 고산은 가는 길을 멈추고 이곳에 머물기로 했다. 이곳을, "산들이 둘러 있어 바다소리가 들리지 않으며, 맑고 소쇄하고 천석(泉石)이 절승(絶勝)하니 물외(物外)의 가경(佳境)이라" 하여 부용동(芙蓉洞)이라 이름하였다. 그리고 격자봉(格紫峰) 밑에 집을 지어 여생을 마칠 곳으로 삼았다. 당시는 송금령(松禁令)이 있어 소나무를 베지 못하고 잡목으로 집을 지었는데, 이름하여 낙서재(樂書齋)라 하였다.

이렇듯 고산이 보길도에 은둔생활을 시작한 것은 병자호란의 수치를 당하여 대의(大義)를 세우고자 함이었고, 또 한편으로는 자기를 배척하는 세상 사람들의 질시에서 떠나고자 함이었다.

1638년 쉰두 살 때 대동찰방(大同察訪)을 제수하였으나 부임하지 않았다. 이 일로 고산을 미워하는 무리들이 나라의 부름에 불응한다 하여 영덕(盈德)으로 유배시켰다.

이듬해 유배에서 풀려나 다시 해남으로 돌아왔다. 이때 집안의 일은 아들 인미(仁美)에게 맡기고 수정동(水晶洞)에 들어가 자연에 묻혀 살았다. 그러다가 다시 문소동(聞簫洞)과 금쇄동(金鎖洞)을 찾았다. 이곳은 그 경관이 그윽하고 소쇄한 수석(水石)의 홍치가 있었기에, 회심당(會心堂)과 휘수정 (揮手亭) 등을 짓고 항상 왕래하면서 자신의 소요처로 삼았다.

고산이 예순세 살 때 인조가 돌아가시고 효종(孝宗)이 즉위하자 옛 스승의 천거로 성균관 사예(司藝)가 되었다. 1652년 효종은 그를 예조참의(禮曹參議)에 특진시키고, 속히 부임하도록 명하였으나, 직무에는 나오지 않았다. 이해 10월에 해남 금쇄동에 돌아와 있었다. 윤선도가 예순일곱 살 되던 그 이듬해에는 다시 보길도 부용동으로 옮겨 은둔생활을 하였다. 거기에 무민당(無悶堂) 정성당(靜成堂) 등을 짓고 정자를 증축하고 큰 연못을 판 후 연(蓮)과 화목을 심고 제자들을 가르치면서 지냈다.

1657년 봄, 내국(內局)의 부름을 받아 다시 서울로 올라왔다. 11월에 첨지 중추부사(僉知中樞府事)에 복직되고, 다음해 1658년 3월에 공조참의에 올랐다. 그러나 당시 당파싸움의 여파로 조정의 반대파들에 의해 체직되었는데, 고산은 해남으로 내려가지 않고 양주 고산에 초사(草舍)를 지어 그곳에 머물렀다. 이때 송준길(宋浚吉) 이단상(李端相) 등이, 남인(南人) 정개청(鄭介淸)의 서원을 철폐하고자 함에, 고산은 선비 숭상과 임금의 성덕이 가리워짐을 탄식하는 수천 어의 상소를 올렸다. 그러나 효종도 반대파의 공격으로 고산의 직을 파하고 말았다.

1659년 효종이 승하하고 현종이 즉위했다. 효종의 승하는 그의 신변에 적잖은 변화를 가져왔다. 그는 능(陵)의 장지 문제와 조대비(인조의 계비)의 복상(服喪) 문제를 가지고 남인을 대표하여 서인(西人) 송시열 등과 불뿜는 논쟁을 벌이다가 일흔네 살의 고령에 삼수(三水)로 유배당했다.

1665년에는 광양(光陽)으로 유배지를 옮기고, 1667년 귀양살이 8년만에 유배에서 풀려났다. 그후 다시 해남에 돌아가 선영을 돌아본 후 그리워하던 선경 보길도 부용동의 낙서재에서 은거하다가 장수를 누린 여든다섯 살로 세상을 떠났다. 고산의 유해는 그의 유지에 의해 문소동에 묻혔다.

앞에서 말했듯이 그는 효종의 산릉 문제와 조대비의 복상 문제로 서인과

지북산에서 바라본 보길도 주변의 크고 작은 섬들.

논쟁을 벌였는데, 고산이 죽은 후 숙종초에 그 예론이 불현듯 재기되는 바람
에 죄가 풀렸고, 1675년 숙종은 그에게 이조판서를 추증하고, 충헌(忠憲)이
란 시호를 내렸다.

　고산은 병자국치(丙子國恥)의 결과로 현세를 도피한다는 대의적 명분도
가지고 있었지만, 그것보다는 당시 추잡한 당쟁의 소용돌이와 자기를 배척하
는 사람들을 떠나 산간(山間)에 은둔해서 자기 구제를 위한 초속적인 자유를
얻고자 한 뜻이 컸다. 그래서 제주도로 가는 중에 부용동의 절승(絶勝)에
끌려 안주의 터를 잡은 것이다.

　고산은 부용동에서 1637년부터 71년 여든다섯 살로 세상을 떠날 때까지
일곱 차례나 나갔다 들어왔다 하면서 십삼 년 동안 머물렀다. 그동안 고산은
「어부사시사」 40수와 32편의 한시(漢詩)를 남겼으며, 빼어난 조원 안목으로
조원을 꾸며 놓았다. 조원의 꾸밈새를 간략하게 살펴보자.

20

　부용동에서 고산이 주로 생활한 공간은 격자봉 밑에 경영된 낙서재(樂書齋)였다. 낙서재에서는 철저한 주자학(朱子學)의 전형적 유학자로서의 그의 사상적 측면을 볼 수 있다.

　낙서재 뒤에는 소은병(小隱屛)을 두었다. 이는 주자(朱子)의 무이구곡(武夷九曲)에 있는 대은봉(大隱峰)과 마주한 소은병(小隱屛)을 본딴 것이다. 또 주자가 무이산(武夷山)에 무이정사(武夷精舍)를 지어 은둔한 것과 같이, 고산도 부용동 격자봉 밑에 낙서재를 지어 은둔했던 것이다.

　당시 조선의 선비들에게 주자의 무이구곡은 학문과 사상의 이상향이었다. 그리하여 주자와 같이 세상의 명리(名利)를 버리고 산간에 은둔하는 행동철학이 선비로서 취해야 할 가장 고귀한 일이었다. 율곡의 석담구곡(石潭九曲)이 그렇고 퇴계의 도산서원(陶山書院)이 그렇다.

　고산의 낙서재 생활은 제자들에게 강학(講學)하는 것이 본분이었다. 고산은 낙서재 앞의 산이름을 미산(薇山)이라 하여, 수양산(首陽山)에서 고사리를 캐먹다가 굶어 죽은 백이(伯夷) 숙제(叔齊)의 절의를 기리고, 미산 옆의 산봉우리를 혁희대(赫羲臺)라 하여 굴원(屈原)의 옛 고사를 더듬었다. 여기서 고산이 당시 유학자로서의 윤리를 지켰음을 알 수 있다. 고산의 동천석실(洞天石室) 생활에서는 탈속적(脱俗的) 선의식(仙意識)을 엿볼 수 있다. 그는 현실의 좌절감과 갈등으로 인한 형식주의적 속박에서 벗어나 초속적 자유를 얻고자 했다. 고산 자신을 선인(仙人)인 희황(羲皇)에 비유하기도 했으며, 승룡대(升龍臺)에 앉아 우화등선(羽化登仙)하는 기분으로 시가(詩歌)를 읊기도 했다. 그리하여 그의 시가 속에는 유상한 자연과 무상한 인생에 대한 서정이 나타나기도 한다.

세연정에서의 생활은 번화했다. 경옥주(瓊玉酒)를 마시고, 양쪽 대(臺) 위에서 채복(彩服) 입은 기녀(妓女)들로 하여금 춤추게 했다. 옥소암에서는 관현악을 연주하게 했으며, 동자에게는 계담(溪潭) 위에 배를 띄우고 노래를 부르게 했다. 때로는 계담에 낚시를 드리우기도 하면서 지냈다.

이 세연정 계원(溪苑)은 우리나라 조경 유적 중 특이한 곳으로, 고산의 기발한 착상이 잘 나타난다. 개울에 보를 막아 논에 물을 대는 원리로 조성된 세연지는 산중에 은둔하는 선비의 원림으로는 화려하고 규모가 크다. 「어부사시사」는 주로 이곳에서 창작되었다.

고산이 관직에 있었을 때 창덕궁 후원의 원림과 그 속에서 벌어지는 유연(遊宴)도 보았을 것인바, 그런 일들이 세연정의 번화로운 생활에 영향을 미쳤을지도 모르겠다.

오늘의 우리가 이와같은 고산의 조원 안목을 세연정 계원에서 볼 수 있는 것은 다행스런 일이다. 이 점에서도 고산은 우리나라 조경사(造景史)의 기발한 작가(作家)였다.

고산의 대표작 「어부사시사」(부록 참조)와 「오우가」를 통해 자연을 관조한 고산의 심의를 음미해 보자.

보길도의 백도리 마을 전경(위). 보길도의 예송리 마을. 해안을 따라 펼쳐진 방풍림(防風林)이 천연기념물 40호로 지정되어 있는 상록수이다.(아래)

3. 보길도 원림 유적

1. 세연정(洗然亭) 지역

세연정은 계간(溪澗)에 판석 제방을 막아 만든 계원(溪苑)으로, 부용동 입구에 자리잡고 있다. 물과 바위와 정자와 대(臺)와 소나무, 대나무 등을 이용한 번화한 조원 공간으로, 고산의 기발한 조원 기법을 엿볼 수 있으며, 부용동 원림 중에서도 아직까지 잘 남아 있는 유적이다. 세연정은 기능상 유희의 장소로 쓰였다. 그러나 조선 선비의 청정한 세계관이 담겨 있는 곳이기도 하다.

세연(洗然)이란 주변 경관이 물에 씻은 듯 깨끗하고 단정하여 기분이 상쾌해지는 곳이란 뜻에서 이름한 것으로, 고산은 세연정 지역을, '번화하고 청정하여 낭묘(廊廟, 재상)의 그릇이 될 만한 곳'이라 했다.

『고산연보(孤山年譜)』에서는 1637년 고산이 보길도에 들어와 부용동을 발견했을 때 지은 정자라 하고 있다. 여기에 수록되어 있는 세연정의 편액시를 보면, 한낱 호사스러운 유연(遊宴)의 장소만은 아니었음을 알 수 있다.

동하각(同何閣)
내 어찌 세상을 저버리랴	我豈能違世
세상이 나를 저버렸네	世方與我違
이름은 중서위에 있는 것이 아니거니	號非中書位
삶은 항시 녹야의 규범과 같았다네	居似綠野規

동하각은 세연정의 서쪽 편액을 시의 제목으로 쓴 것이다.

세연정은 한 간 정자로, 동서남북의 각 방향에 편액을 걸었다. 중앙에는 세연정(洗然亭), 남쪽에는 낙기란(樂飢欄), 서쪽에는 동하각(同何閣), 동쪽에는 호광루(呼光樓)란 편액을 걸었다. 또 서쪽에는 칠암헌(七嵒軒)이라는 편액을 따로 걸었다.『보길도지』에서는 헌(軒)이라고도 하고 누(樓)라고도 했는데, 이는 모두 세연정을 일컫는 말이다.

동하(同何)라는 현판은 『맹자(孟子)』의 "사람의 마음에 있어서 같은 것은 무엇인가. 이는 곧 이(理)요 의(義)이다 (心之所同然者何也 謂理也義也)"에서 따온 말이다. 그러므로 고산이 동하라 한 것은 모든 사람이 합일하는 진리인 이(理)와 의(義)의 뜻을 담고 있다고 하겠다.

또 고산의 시 중에 '혹약암(或躍岩)'이란 시가 있다. 혹약암은 세연지(洗然池) 계담에 있는 칠암(七岩) 중의 하나이다.

용처럼 꿈틀거리는 물 속의 바위	蜿然水中石
어찌하여 와룡암을 닮았는고	何似臥龍岩
나는 제갈공명의 상을 그려	我欲寫諸葛
이 연못 곁에 사당을 세우고저	立祠傍此潭

이 바위는 『역경(易經)』의 건(乾)에 나오는 '혹약재연(或躍在淵)'이란 효사(爻辭)에서 따온 말로, "뛸 듯하면서 아직 뛰지 않고 못에 있다"는 뜻이다. 즉 혹약암은 마치 힘차게 뛰어갈 것 같은 큰 황소의 모습을 닮은 바위를 말한다.

위와같은 시에서 고산은 중국 촉한(蜀漢)의 제갈공명(諸葛孔明)을 기리고, 또 한편으론 당시가 병자호란 등 외세의 침략으로 나라가 위급한 때였으므로 난세를 수습할 인걸을 기대한 것 같다.

『보길도지』와 시문(詩文) 등의 기록을 앞세워 현재 보길도 국민학교 옆에 남아 있는 세연지 유적을 살펴보기로 하자.

계간(溪澗) 하류에 판석으로 보(洑)를 막아 600여 평의 계담(溪潭)을 만들고 계담의 물을 옆으로 돌려 또 하나의 인공 연못을 만들었는데, 이 연못은 방형(方形)에 가깝고, 넓이는 250여 평 정도 된다. 계담과 인공 연못을 합하여 세연지라 한다. 세연지 계원(溪苑) 전체의 넓이는 3,000여 평이다. 계류 바닥은 깨끗한 암반으로 되어 있고, 칠암의 크고 작은 바위가 자연스럽게 배치되어 있는데, 평평한 판석으로 물 위에 드러난 것이 있기도 하고, 물 속에 깊이 잠겨 있거나 호안과 계담에 걸쳐 있는 것들도 있다.

세연정터. 세연정은 남쪽 계담(溪潭)과 북쪽 인공 연못의 방형단 같은 섬 위에 세워진 정자이다.

계간(溪澗)을 사이에 두고 왼쪽에 보이는 축단이 세연정터, 오른쪽이 서대이다.

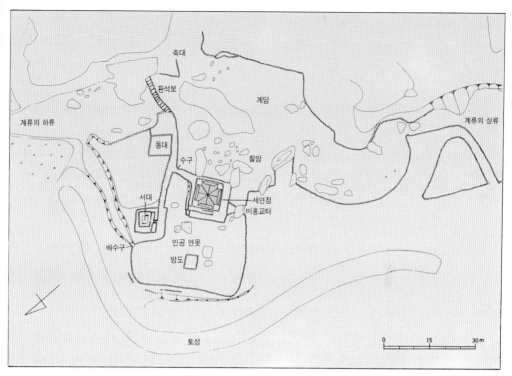

세연지 복원 배치도.

세연정터 앞의 인공 연못. 개울에 보를
막아 논에 물을 대는 원리로, 계간
하류에 판석으로 보를 막아 계담을
만들고, 계담의 물을 옆으로 돌려 또
하나의 인공 연못을 만들었는데, 이
연못은 방형(方形)에 가깝다. 사진
왼쪽에는 석축으로 쌓은 네모난 섬이
있으며, 그 주위에 평평한 바위들이
놓여 있다. 오른쪽으로 세연정터가
보인다.(pp. 28-29)

1989년 발굴 조사하여 그린 세연정 추정 투시도.

　세연지의 평균 물 깊이는 1.2미터쯤 되며, 약간 푸른색을 띤다. 남쪽 계담
과 북쪽 인공 방지 사이에는 칠암을 중심으로 조성된 방형단(方形壇) 같은
섬이 있다. 지금도 중앙에 주춧돌이 남아 있는 것으로 보아 집터가 있었음을
알 수 있다. 이 방형단은 자연석으로 세 단을 쌓았는데, 전체의 단 높이는
일정하지 않다. 가장 높은 곳인 남쪽단 높이는 2미터쯤 되고, 그 외의 단
높이는 1.8미터쯤 된다. 이는 헌(七岩軒)의 섬돌 높이가 한 길이라는『보길도
지』의 기록과 비슷하다. 또한 축단의 한 변 길이는 5.4미터 내지 5.6미터로
거의 정방형을 이루고 있다. 평면으로 단을 보면, 남쪽과 동쪽 축대 위는
건물 기단 밖으로 1미터 정도의 간격밖에 없고, 서쪽과 인공 연못이 있는
북쪽은 건물 기단 앞쪽으로 2미터 정도 여유를 두고 정자를 배치했던 것이
다. 그래서 정자의 정면이 곧 인공 연못쪽이 되었던 것이다. 이 방단(方壇)
위의 정자가 세연정이다.
　『보길도지』에는 세연정이 못의 중앙에 있었다고 기술하고 있다. 그리고
정자 서쪽, 제방 동쪽 겨우 한 간쯤의 넓이에는 물이 고여 있으며, 중앙에는

1992년 12월에 복원된 세연정.

엎드린 거북 같은 암석이 놓여 있어 그 위에 비홍교(飛虹橋)를 설치하고
이 다리를 거쳐 세연정에 오른다 했다. 그리고 비홍교 남쪽에는 칠암이 있다
고 했다. 바로 세연지 중앙 방형단 위의 정자터에 해당한다. 방단이 있는
자리에 세연정이 있어야 『보길도지』의 기록대로, 동쪽의 좌우 대에서 기녀
(妓女)가 채복을 입고 춤을 추는 것을 볼 수 있고, 남쪽 산중턱에 있는 옥소
대 위에서 춤을 추면 계담 속에 드리워진 그림자를 볼 수 있다.
 현재 비홍교 자리에는 잡석을 쌓아 호안과 방단이 연결되어 있다.
 세연정 동쪽 축단 밑에는 계담에서 인공 연못(35미터×24미터)으로 흘러
드는 터널식 수입구(水入口)가 있다. 인공 연못 중앙에는 석축으로 쌓은
네모난 섬(4.8미터×4.2미터)이 있는데, 수면에서 1.2미터쯤 드러나게 했다.
이 섬에는 소나무가 서 있으며, 그 섬 주위로 평평한 바위들이 배치되었는
데, 물 위에 드러난 석대(石臺) 같은 바위도 있고 물 속에 잠겨 있는 것들도
있다. 특이한 것은 계담쪽에서 인공 연못으로 물을 넣는 시설이다. 계담쪽에
서부터 물이 들어가는 수구(水口)는 다섯 구멍이며, 인공 연못쪽으로 나오는

계담쪽에서 인공 연못으로 물을 넣는 수입구 시설. 들어가는 물구멍을 높게, 나가는 물구멍을 낮게 만들었는데, 이는 판석보로 막은 개울물이 인공 연못으로 들어갈 때 수압을 높일 수 있고, 물이 빨리 연못 속으로 들어가도록 하기 위한 것이다.(위)

세연지의 계류(溪流) 바닥은 암반이 깔려 있어 맑디맑은 수경(水景)을 이루고 있으며(아래), 칠암의 크고 작은 바위가 자연스럽게 배치되어 있다. 철따라 산란기가 되면 송어나 은어가 올라오므로 칠암에 앉아 낚시를 하기도 했다.(옆면)

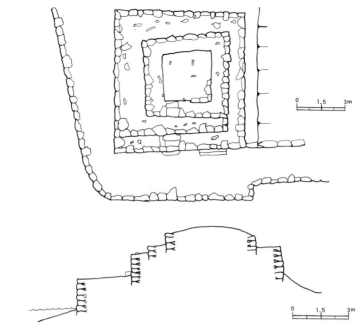

서대 평면도(위)와 단면도(아래).

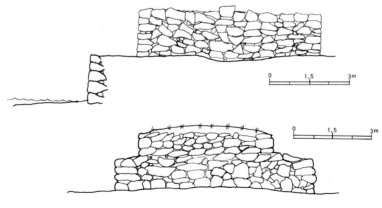

동대 입면도(위)와 단면도(아래).

서대(위)와 동대(아래). 세연정의 좌우에
위치해 있는 축단으로, 아름다운 기녀들이
춤추던 번화한 조원 공간이다. 현재 서대는
나선형으로 세 단이 남아 있고, 동대는
두 단이 남아 있다.

수구는 세 구멍이다. 즉 다섯 구멍으로 들어간 물이 합해져 다시 세 구멍으로 나오게 만든 것이다. 이 구조는 'ㄱㄴ'형으로, 들어가는 쪽은 높게 만들고 나오는 쪽은 낮게 하여 30센티미터의 낙차가 생기도록 했다.

이렇게 수구의 구조를 만들어서 판석보(板石洑)로 막은 개울물이 인공 연못으로 들어갈 때 수압을 높일 수 있고, 연못 속으로 물을 잠기게 하여 수면을 고요하게 했다. 즉 들어가는 물 구멍이 다섯 개이고 나가는 물 구멍은 세 개로 좁힌 것이나, 들어오고 나가는 수구의 위치를 30센티미터 차이로 만든 것은 모두 물이 빨리 인공 연못 속으로 들어가도록 하기 위한 것이다. 이런 수구는 다른 곳에서는 볼 수 없는 시설이다.

세연정 정자터에서 동쪽으로는 삼각형 형태의 섬(동서 길이 32미터, 한 변 10미터, 다른 한 변 28미터)이 있다. 그 좌우에는 두 곳의 자연석 축단이 있는데, 원래는 세 단이었지만 인공 연못 가까이 있는 축단은 나선형으로 세단을 쌓아 올린 것이 남아 있으며, 개울쪽 판석보 가까이에 있는 축단은 두 단이 남아 있다. 이들 좌우의 축단은 방형이며, 『보길도지』에서는, 아름다운 기녀들이 춤을 추던 서대(西臺)와 동대(東臺)라 전하고 있다. 축단의 높이는 2미터쯤 된다. 서대 축단은 한 변이 7.5미터 정도의 정방형에 가깝고, 동대의 축단은 가로 6.7미터, 세로 7.5미터 정도의 장방형이다.

앞에서도 언급했듯이, 이 세연지의 가장 기발한 특색은 계간에 판석을 축조하여 보를 막아 계담을 이루게 하고 그 물을 돌려 인공 연못으로 넣었다가 배출하는 것이다. 그래서 언제나 일정한 수면을 유지하고 있다. 이런 착상은, 농민들이 개울에 보를 막아 논에 물을 대는 방법을 이용한 것이다.

계간을 막은 판석보는 길이 약 11미터, 폭 2.5미터, 높이 1미터쯤 되며, 활처럼 굽은 곡선을 이루고 있다. 축조된 판석 중 큰 것은 길이 2.4미터, 폭 1.5미터이고, 작은 것은 길이 1.2미터, 폭 1.3미터 정도이다. 전체 두께는 약 30센티미터 정도이다. 보의 구조는, 양쪽에 벽처럼 판석을 견고하게 세우고 그 안에 강회를 채워서 물이 새지 않게 한 다음, 판석으로 위에 뚜껑돌을 덮었다. 판석의 이음새는 ♩형과 ↿형으로 판석 연결부분을 쪼아내어

판석보. 우리나라 조원 유적 중 유일한 석조보로, 세연지의 저수를 위해
만들었다. 건조할 때는 돌다리가 되고, 우기에는 폭포가 되어 수면이
일정량을 유지하도록 했다. 보의 구조는 양쪽에 벽처럼 판석을 견고하게
세우고 그 안에 강회를 채워서 물이 새지 않게 한 다음, 그 위에 판석으로
뚜껑돌을 덮었다.(왼쪽) 판석의 연결부분을 쪼아내어 결합시키고 구멍을
판 후, 돌촉을 박아 고정시켰다.(오른쪽)

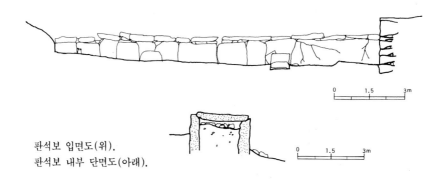

판석보 입면도(위).
판석보 내부 단면도(아래).

결합시키고 구멍을 판 후, 판석과 같은 재질의 돌축을 박아 고정시켰다. 그래서 비가 오지 않을 때는 계원 공간 속의 돌다리가 되어 아름다운 조형을 이루고, 폭우가 와서 개울의 물이 넘칠 때는 폭포가 되었다. 우리나라의 조원 유적 속에 이와같이 기발한 석조보는 세연지에 있는 보가 유일하다.

판석보의 남쪽 끝은 산자락인데, 여기에도 석축으로 만든 축담이 있다. 판석보의 북쪽은 세연정 우측의 방대(方臺)와 가까이 연결되어 있으며, 세연정에서 나가는 보도(步道)와 연결되어 있다. 판석보의 동쪽 하류에도 계간을 만들어서 평담의 수면이 일정량을 유지하도록 했다. 보 위 계담의 물은 지하 터널식 수입구를 통해 인공 연못에 들어왔다가 다시 무너미(넘쳐 흐르는 시설)를 통해 인공으로 판 수로를 따라 하류의 평담(平潭)으로 흘러들게 되어 있다.

세연지 계담 주위는 자연석으로 축대를 쌓아 호안을 만들었고, 계담 바닥은 암반이 깔려 있어 맑디맑은 수경(水景)을 이뤘다.

철따라 산란기가 되면 송어나 은어가 바다에서 올라오기에 칠암(七岩)에 앉아 낚시를 하기도 했다. 그리고 배를 띄워 동자(童子)에게 「어부사(漁父詞)」를 노래하도록 하던 곳이기도 했다. 또 세연정 계원 북쪽 낮은 개울가를 따라서 토성처럼 둑을 쌓고 그 위에는 죽림(竹林)을 조성하여 계원의 울타리 기능을 하게도 했다.

옥소대. 산중턱에 있는 이 바위 위에서
풍악을 연주하고 춤을 추면 세연정에
앉아서도 계담 속에 드리워진 그림자를
볼 수 있었다.

세연지의 수원(水源)인 샘.

세연지의 수원(水源)은, 낭음계에서 흘러내리는 계류가 지하로 스며들어 건천(乾川)을 이루었다가 세연지 위쪽에서 다시 지하수처럼 솟아오른다. 건조한 때라도 한 시간에 360리터쯤은 솟아오른다.

세연지의 화목(花木)은『보길도지』의 기록에서 볼 수 있듯이, 영산홍 삼나무 산다(山茶) 장송(長松) 단풍나무 대나무 연꽃 등이 운치있게 심어져 있다. 전남대 정동오(鄭瞳旿) 교수의 조사에 의하면, 지금은 21종 183주가 서있다. 종류는 동백나무 103주 왕벗나무 15주 소나무 10주 느릅나무 7주 해송 6주 녹나무 4주 화백 때죽나무 각 3주 후박나무 감태나무 광나무 참나무 각 2주 잣나무 광나무 사스레피나무 푸조나무 상수리나무 각 1주 등이 있으며, 근년에 심어진 편백 화백 왕벗나무 등이 있다.

남쪽 산중턱에는 자연 암석의 석대(石臺)가 있다. 이것이 바로 옥소대(玉簫臺)이다. 고산은 이 위에서 기녀에게 채색옷을 입혀 춤을 추게 하고 풍악을 연주하게 하여 못 속에 그 그림자가 드리우는 것을 감상했다고 한다.

세연정터를 1989년 11월 발굴·조사하여 1992년 12월에 세연정을 복원했다. 세연정은 정면 3칸, 측면 3칸, 팔작지붕의 정자건물로, 중앙에 온돌방이 있고 사방에 마루와 창호가 있다. 창살문 외부에는 판문이 설치되었다.

2. 동천석실(洞天石室) 지역

세연지를 바라보면서 1킬로미터쯤 부용동으로 들어가면 낙서재터(樂書齋) 건너편 산자락에 동천석실이 있다. 이곳은 45도의 경사진 암산이다. 해발 100미터에서 120미터 중턱쯤에 오르면 1000여 평 공간에 돌계단과 석문(石門, 立石), 석담(石潭), 석천(石泉), 석폭(石瀑), 석대(石臺) 및 희황교(羲皇橋) 유적이 있다. 석문 안에는 두어 간 되는 반석, 고산이 다도(茶道)를 즐기던 오목하게 파인 바위, 정자를 세운 듯한 건물터 등이 남아 있다. 고산은 이곳을 부용동 제일의 절승이라 했다.

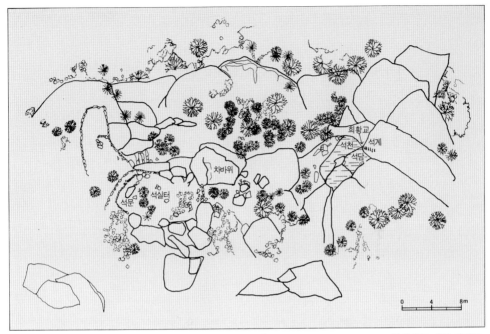

　이곳의 유적 중 자연바위 사이 두어 간 되는 오목한 공간에 가로 세로 5미터로 석축을 쌓아 막은 것이 있다. 여기에는 주춧돌과 기와 조각 등이 남아 있어 작은 건물을 지었던 곳임을 알 수 있다. 산 위쪽으로 3미터쯤 되는 거리에는 또 하나의 건물터가 있는데, 축단을 쌓아 평평하게 조성되었다. 축단의 전면 크기는 5미터, 길이 8미터, 전면 축대 높이 1.5미터이다. 이곳에도 기와 조각이 흩어져 있으며, 앞의 건물과 서로 연결되도록 지었다. 위의 집터는 거대한 암상에 세운 것으로 이곳에 앉으면 부용동 전지역과 낙서재 공간이 한눈에 전개된다. 건물터 앞 바위는 凹형을 이루어 도르레 같은 시설을 고정시켰다 한다. 즉 케이블카와 같이 줄을 설치한 후, 통 속에 넣은 음식을 줄에 매달아 산 밑에서 올려다 먹었다고 한다.

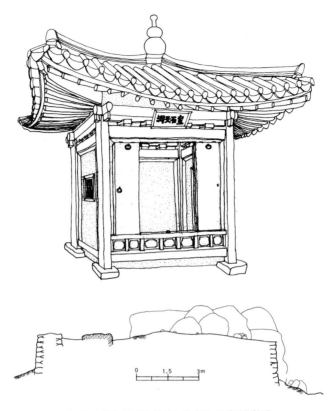

1989년 발굴 조사한 동천석실 추정 투시도(위)와
동천석실 건물지 단면도(아래).

동천석실에서 바라본 석담·석천·석계 및 희황교.
부용동 제일의 절경이라 할 동천석실 지역은
아슬아슬한 절벽 위에 건물을 세우고, 바위 사이에서
솟아나는 석간수를 받아 작은 연지를 만들었다.
이곳에 오르면 부용동 전 지역이 한눈에 전개된다.
속세를 떠나 선경(仙境)에 머물고자 했던 고산의
세계관을 엿볼 수 있는 곳이다.(pp. 42-43)

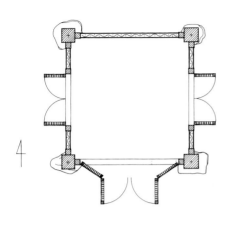

1989년 발굴 조사한 동천석실 복원 평면도.　　1993년 4월에 복원된 동천석실.

건물터가 있는 벼랑 옆에 석간수가 나오는 석실 같은 공간이 있다. 즉 암벽 사이에서 흐르는 석간수를 받아 모으는 작은 석지(石池)가 있으며, 그 옆에 길이 7.5미터, 폭 4.5미터, 깊이 60센티미터 정도의 부정형 연지(蓮池)가 있다. 연지와 석지는 전부 암석을 파서 인공으로 만든 것이며, 그 사이는 바위에 구멍을 뚫어 물이 통하게 했다. 바위는 폭이 약 45센티미터 정도이다. 석벽 위에는 돌계단이 8단으로 조성되어 있다. 연지에서 석벽의 돌계단으로 오르는 곳에는 작은 다리를 만들어 희황교라 했다. 연지 옆에는 또 하나의 유적이 있는데, 돌이 무너져 있어 형태나 규모를 확실히 규명하기는 어렵다. 석실 안의 작은 지당(池塘) 측벽에는 강회를 발라 물이 새는 것을 막았으며, 석문이라 하여 입석의 돌을 양쪽에 세운 것들도 있다.

이 석실 건물터를 1989년 11월에 조사한 결과 건물은 주칸 거리 2.25미터의 정방형 한 간 집이었다.(평면도와 추정 투시도 참조)

연지에는 지금도 수련이 있으며, 암벽 사이에는 석란이 자생하고 있다. 그러나 주변 산에는 잡목이 우거져 있어 고산 당대의 경관을 찾기는 어렵다.

석실 정자터. 사방이 암석으로 둘러져 있어
석함이라고도 부른다. 고산은 이곳에 정자를 짓고
부용동 전경을 바라보며 시가를 읊었다. 사진 위쪽에
서 있는 돌이 석문이다.

동천석실로 오르는 길.

이러한 석실의 돌계단이나 보도는 한 사람이 거닐도록 만들어졌다.

그러면 동천석실 공간에 대한 고산 당대의 기록들을 살펴보자.

『고산연보』에는, "마을 북쪽 산허리에 있는 암석이 절승이다. 육중의 석문을 지나면 푸른 절벽과 층층대가 있는데, 그 위에 작은 집을 짓고 동천석실이라 하였다(洞北山腰岩石絶特度六重石門有翠壁層臺作小屋於其上日洞天石室)"라는 기록이 있다. 여기서 동천이라는 것은 산천에 두른 경치좋은 곳이란 의미도 되고, 신선이 사는 곳(『茅君內傳』에 大天之內 有地之洞天三十六所 乃眞仙所居)도 되며, 하늘로 통한다(『明一統志』에 洞天樓在處州府城南 因括 蒼洞天而名)는 뜻도 된다. 또한 석실이 석조로 된 거실임은 물론이지만 산중에 은거하는 방이나 책을 잘 보존해 둔 곳이란 뜻도 된다.

고산이 동천석실이라 한 것은, 서책을 즐기며 신선처럼 소요하는 은자의 처소라는 뜻으로도 이름한 것으로 생각된다. 이 석실 공간에는 언선대(偃仙臺)도 있다.

고산의 '석실(石室)'이란 한시를 보면 그가 석실에서 독서하고 소요하는 생활의 일면을 볼 수 있다.

수레엔 소동파(蘇坡老)의 시요	容車坡老詩
집에는 주문공(朱文公)의 글이다	側戶文公記
어찌 육중문이 있으리오마는	那有六重門
뜰에는 샘이요 대와 못이 갖춰 있네	庭泉臺沼備

위의 시에서는 유학자적인 고산의 내면을 엿볼 수 있다. 그는 적벽부(赤壁賦)로 유명한 소동파(蘇軾)의 시를 사랑하였고, 무이구곡(武夷九曲)에 정사(精舍)를 세워 은둔하는 선비정신을 정립했던 주자(朱子)를 흠모했다. 또한 석실을 희황(羲皇, 伏羲氏)이 은거했던 황궁(皇宮)으로 상징하여 들어가는 곳의 여러 바위 사이를 육중문이라 하고, 대에는 석천(石泉)과 연지(蓮池)가 갖추어져 있음을 노래했다.

육중문(六重門)이란 황제가 거처하는 황궁 안의 여섯 겹의 문으로, 도성

동천석실 지역의 석담(위·옆면)과 석천(아래).
석담과 석천은 전부 암석을 파서 인공으로 만들었다.
암벽 사이에서 흐르는 석간수를 받아 모으는 석천과,
수련이 곱게 피어 있는 석담 사이에는 구멍을 뚫어
물이 서로 통하도록 하였다. 그 위에 석벽의
돌계단으로 오르는 작은 다리가 희황교이다.

성문(城門)에서 시작하여 고문(皐門), 고문(庫門), 치문(雉門), 응문(應門),
노문(路門)을 말한다.

이런 천자(天子) 희황의 처소를 고산 자신에 비유하여 동천석실의 작은
다리 이름도 희황교라 한 것이다.

고산의 한시 '희황교'를 보면 그가 유유자적하는 모습을 볼 수 있다.

회황교의 북과 남에 작은 난간이 서고	橋北橋南着小欄
중간에는 방석 둘 깔기에 충분하네	中間恰受兩蒲團
청산에 비갠 뒤에 턱받고 누웠으니	青山霽後支頤臥
물소리 연꽃 향에 모든 흥이 일어나네	水樂荷香興一般

또 고산은 석실에서 다도(茶道)에도 높은 흥취를 느꼈던 것으로 보인다.
작자 미상의 '석실모연(石室暮烟)'이란 한시에는 고산이 해저물녘에 차를
끓이는 연기가 선경처럼 보였다는 구절이 있다. 이 시를 일부만 옮겨본다.

바다에서 부는 만풍 향연을 끌어와서	晚風吹海引香烟
높고 험한 산에 들어 석실가에 흩어진다.	散入嵯峨石室邊
옛 부뚜막엔 선약(仙藥)이 남아 있고	九轉丹成餘古窟
움켜온 맑은 물은 차사발에 끓고 있네	一甌茶沸挹清川

석실의 부엌에선 차 끓인 연기 이니	石室茶廚起夕烟
구름인 듯 안개인 듯 꽃가에 맴돈다	如雲如霧擁花邊
바람따라 날아가다 섬돌에 도로 남고	隨風欲去還留砌
달빛에 실려가다 냇물 위에 머무네	輿月無端更宿川

석실모연은 부용동 팔경에 들어 있다. 고산이 차를 끓이던 장소는 이 석실
의 움푹 패인 석대 위에 있는 반석이라 전한다. 석실에 올라 노을지는 부용동
의 전경을 발 아래로 내려다보면서 이러한 시상에 잠겨보면 마음이 정하게
가셔진다.

동천석실터 앞에 있는 용두암. 도르래 같은 시설을 장치하여, 통 속에 넣은 음식을 줄에 매달아 산 밑에서 운반했다 한다.

3. 승룡대(升龍臺)

승룡대는 동천석실이 있는 안산 동쪽 기슭에 깎은 듯이 서 있는 자연 암석이다. 이 바위에 오르면 상면이 평평하여 수십 사람이 앉을 수 있다. 대의 동쪽에 있는 작은 암석이 앉을자리를 마련해 주고 있다. 고산은 언제나 지팡이를 의지하고 이 바위에 걸터앉아 시가를 읊었으며, 승룡대를 우화등선(羽化登仙)의 선경(仙境)으로 생각하였다.

4. 낙서재(樂書齋)와 무민당(無悶堂)

격자봉의 혈맥이 세 번 꺾어져 내려오면서 소은병(小隱屛)이란 바위가 있다. 1637년 이 바위 밑에 초가로 집을 지었다가 그 뒤에 잡목을 베어 세 간 집을 지었는데, 낙서재(樂書齋)라 했다.

낙서재는 사방으로 퇴를 달아 매우 컸다. 1653년 2월 낙서재 남쪽에 잠을 자는 한 간 집인 외침(外寢)을 짓고, 세상을 등지고 산다는 뜻에서 무민당(無悶堂)이라는 편액을 달았다. 무민당은 사방으로 퇴를 달아 매우 넓으며, 기둥도 높게 써서 천정에는 반자를 했다. 그리고 무민당 옆에 못을 파고 연꽃을 심었으며, 낙서재와 무민당 사이에 동와(東窩)와 서와(西窩)의 각 한 간 집을 지었다. 이런 집들은 조각이 없는 간결한 집이었으나 기둥이 높아 반자의 천정을 갖춘 집이었다. 동와와 서와는 세상의 명리를 떠나 꾸밈없는 집이란 뜻이다.

지금 고산 당대의 4동의 집터는 옛날의 상태를 찾아보기는 어렵게 인멸되어 있다. 1981년 간단한 지표조사 겸 간이 발굴조사를 했다. 이 위치는 격자봉 중턱으로 해발 100—110미터의 산속에 있는데, 지금은 남북으로 11미터, 동서로 12미터의 집터가 남아 있다. 이 집터에는 자연석 주춧돌과 기와 조각들이 흩어져 있으며, 개인의 분묘 두 기가 있어 발굴조사도 못 하고 있다.

낙서재터 뒤에 있는 소은병은 높이 2.5미터, 넓이 약 16평(55.3제곱미터) 정도의 바위이다. 그 상면에는 길이 80센티미터, 한 변 60센티미터, 깊이 21센티미터 정도의 홈이 패여 있는데, 인공으로 다듬은 흔적이 보인다. 또

빗물의 배수를 위해 석구(石溝)를 파서 빗물이 고이면 바위벽을 타고 흘러내리게 되어 있다. 주자가 경영한 중국 복건성(福建省) 숭안현(崇安縣)에 있는 무이산(武夷山) 제5곡 대은봉(大隱峰)의 건너편 봉우리가 소은병인데, 고산이 주자를 흠모하여 학문에 몰두해 은둔한 주자를 따른다는 뜻에서 소은병이라 한 것이다. 원래 소은병 주위는 장송과 단풍나무, 잣나무 들이 빽빽이 수림을 이루고 있으며, 엄동설한에도 고산이 옷깃을 헤치고 북쪽을 향해 앉아 사색에 잠기기도 했던 곳이다.

낙서재 앞 뜰에는 거북바위(龜岩)가 있었다. 고산은 4령(四靈, 기린·봉황·용·거북)이라 하여 절의(節義)의 상징으로 여기고, 저녁이면 귀암에 앉아 완월(玩月)을 즐겼다. 현재 귀암으로 추정되는 돌이 민묘의 축대로 묻혀 있다. 한쪽의 측면이 2.8미터 정도의 바위이다.

『보길도지』에서는, 고산이 죽은 후에 그의 아들 학관(學官)이 낙서재 지역을 일부 개수(改修)하였다 한다. 학관의 아들 이관(爾寬)대에 와서는 내침(內寢)이 협소하다 하여 소나무를 써서 오량각(五梁閣)을 화려하게 짓고 귀암은 매몰되는 등 고산의 낙서재 옛 터가 많이 변형되어 버렸다.

이 낙서재 지역을 대상으로 한『고산유고』의 기록을 살펴보자.

소은병(小隱屛)

푸른 병풍바위 하늘의 창조인데	蒼屛自天造
소은이라 부름은 사람이 붙인 이름	小隱因人名
속세와는 격하여 아득해졌으니	邈矣塵凡隔
마음이 후련하여 청량(淸涼)도 하다	脩然心地淸

귀암(龜岩)

단지 4령에 참여함만 알 뿐	但知參四靈
뜻지킴이 돌처럼 단단함을 뉘라서 알랴	誰識介于石
너에게 복거한 때로부터	振爾卜居時
저녁이면 내 달 구경을 즐기리	宜吾玩月夕

석폭. 바위가 폭포처럼 생겨 석폭이라 했다.

석전. 바위를 쟁기로 갈아 놓은 것같이 밭이랑이 만들어져 있다.(옆면 위)
동천석실로 오르는 계단(옆면 왼쪽).
회황교 위에 있는 석벽의 돌계단. 한사람이 거닐도록 만들어졌다. 이 계단을 통해 정자에
오르게 된다.(옆면 오른쪽)

낙서재(樂書齋)

한발의 초가(草家) 비록 나지막하나	一把茅雖低
오거서 또한 많기도 하다	五車書亦夥
어찌 나의 근심만을 삭이랴	豈徒消我憂
내 잘못도 바로잡을 수 있으리	庶以補吾過

이 시는 1637년 낙서재를 초가로 처음 지었던 당시의 전경과 심의를 읊은 한시이다.

낙서재우음(樂書齋偶吟)

눈은 청산에 귀는 거문고 소리에 있으니	眼在青山耳在琴
세간의 무슨 일이 마음에 내키랴	世間何事到吾心
마음에 가득한 호연지기 알아줄 이 없어	滿腔浩氣無人識
미친 노래 한 곡조를 혼자 부르리	一曲狂歌獨自吟

이 시는 임오년(壬午年) 10월 16일 잠시 보길도를 다니러 가서 쓴 시라 했다. 고산이 56세가 되는 1642년에 쓴 것이다.

이상의 시에서 보면, 낙서재가 강학하고 독서하면서 즐거움을 얻고 은둔하고자 하는 선비의 생활 공간이었음을 알 수 있다.

5. 곡수당(曲水堂)

곡수당터는 낙서재에서 동북방으로 약 200미터 떨어진 아늑한 곳에 있으며, 작은 개울을 중심으로 초당(草堂), 석정(石亭), 석가산(石假山), 평대(平臺), 연지(蓮池), 다리, 화계(花階) 등이 좌우로 조성되어 있었던 곳이다. 이곳은 고산의 아들 학관(學官)이 휴식하는 공간으로 조성한 것이다. 곡수당의 건물은 초당(草堂)으로 한 간 정자이며, 사방으로 퇴를 달아 남쪽 난간은 취적(取適), 서쪽 난간은 익청(益淸)이라 편액을 걸었다. 편액의 글씨는 학관(學官)이 썼다. 정자는 세연정보다 작았다. 곡수당 뒤에 평대가 있었는데,

삼면으로 둘러 좌우에 작은 문을 두었으며, 중간에는 과일나무와 화목을 심었다. 담의 서쪽 끝에 개울물이 흘러 정자에서 10여 보 아래에 곡수(曲水)를 이루었는데, 이곳에 다리를 놓아 일삼교(日三橋)라 하였다. 학관이 서재에 있다가 항상 하루 세 번 이 다리를 건너 고산이 있는 곡수당에 문안했기 때문에 붙여진 이름이다.

일삼교에서 두어 걸음 돌아간 곳에 유의교(有意橋)가 있었다. 유의교는 언덕의 복숭아나무와 오얏나무를 끼고 설치되었기 때문에 "떨어지는 꽃이 뜻이 있는 것 같다 (落花如有意)"는 뜻에서 이름 지어진 것이다. 곡수를 이루는 개울은 곡수당 앞에서 평지(平池)가 되어 깊지도 넓지도 않고, 그 아래는 여울을 이루어 월하탄(月下灘)이라 했다.

연못 서쪽 언덕 위에는 두어 층의 돌을 쌓아 익청헌(益淸軒, 곡수당의 서쪽 난간) 아래로 이어지는 무지개 다리를 가로질러 놓았다. 언덕 위에는 연못이 있고, 연못 동쪽에는 작은 대(臺)를 쌓았으며, 대 위에 석정을 축조하고, 바닥에는 판석을 깔았다.

석정은 돌을 포개 쌓아 기둥을 만들고 들보를 걸치고 조각돌로 지붕을 덮은 집이었다. 취적헌(取適軒, 곡수당의 남쪽 편액) 아래 유의교의 위에 연못을 팠는데, 대(臺)와 비슷한 크기였다. 후면에는 두어 층의 화계를 만들어 화목과 괴석을 심었으며, 동남쪽에 방대(方臺)를 축조하고, 대 위에 한 길 남짓한 석가산을 만들었다. 축대 허리 부분에 구멍 하나를 뚫어 석통(石筒)을 가운데 끼웠다. 뒤에는 홈통을 묻고 홈통을 통해 물을 끌어들여 연못으로 쏟아지게 하고, 이를 비래폭(飛來瀑)이라 불렀다. 연못에 물이 차면 석통을 석가산 뒤로 옮겨 작은 언덕에 대는데, 그 언덕에는 단풍나무 산다나무 소나무 들이 있다. 곡수당 서남쪽 모퉁이 계단 위에는 처마보다 높은 백색 동백나무가 눈같이 흰 꽃을 연못 속에 비치고 있다.

이와같은 내용이 『보길도지』에 기록된 곡수당의 개략적인 기록이다. 그러나 이러한 유적들은 찾아보기가 힘들게 변형되어 있다. 지금은 화계와 석가산에 설치했던 괴석 몇 개가 남아 있고, 두 개의 연못자리와 방대터, 정자터

낙서재터(위)와 낙서재 돌담(아래). 낙서재는 격자봉의 중턱인 소은병 바위 밑에 세워진
집으로, 독서하면서 즐거움을 얻고 은둔하고자 하는 고산의 생활공간이었다. 낙서재는
사방으로 퇴를 달아 매우 컸다. 지금은 주춧돌과 기와 조각만이 흩어져 있을 뿐이다.

가 남아 있다.

곡수당 연지는 한 변이 4.5미터, 다른 한 변은 2.4미터쯤 되는 장방형 연못이다. 경사진 곳에 만들었기 때문에 남쪽 호안의 축대 높이는 3.1미터쯤 되고, 서쪽은 1.8미터쯤 되며, 동과 북은 2.5미터가 된다. 물은 수구(水口)를 통해 곡수(曲水)의 계류를 끌어와서 다시 계류로 방류하게 되어 있다.

하나의 건물터는 현재 밭으로 변했는데, 25평 정도의 대지이다. 잘 쌓은 축대가 남아 있으며, 옆의 연못 크기와 비슷하다.

또 하나의 방연지(方蓮池)는 한 변이 14미터, 또 한 변이 12.5미터쯤 되며, 호안 축대 높이는 95센티미터쯤 된다.

곡수당터로 추측되는 터에는 네 개의 초석이 묻혀 있다. 초석의 간격은 3.3미터로 정방형을 이루고 있다. 개울가의 연못자리와 월하탄(月下灘)을 이루던 개울은 남아 있는데, 개울가에 축대를 쌓아 다리를 설치했던 자리는 많이 변형되었다.

곡수당 남쪽에는 서재(書齋)가 있었다. 이곳에서는 학유공(學諭公, 고산의 장남 仁美) 진사 심주(沈柱) 판서 심단(沈檀) 판서 정유악(鄭維岳) 처사 이보만(李保晚) 생원 안서익(安瑞翼) 학관(學官) 등이 같이 기거하며 공부하였다. 이 서재터는 1748년 『보길도지』를 쓴 윤위(尹煒)가 답사했을 때 이미 찾을 수 없을 정도로 인멸되어 있었다.

6. 낭음계(朗吟溪)

격자봉 서쪽 세번째 골짜기로 심원하게 돌고돌았으며, 수석이 더욱 기절하고 유상곡수(流觴曲水)와 목욕반(沐浴盤)이 있었다. 또한 소나무와 삼나무가 울창하고 암벽이 깨끗하였다. 고산은 여가가 있으면 이곳에서 죽장을 짚고 소요하면서 보냈다.

낭음계는 고산 자신이 붙인 이름인데, 이곳에는 유상곡수연(流觴曲水宴)을 할 수 있는 곳이 있었다 한다. 유상곡수연이란 왕희지(王羲之)가 난정(蘭亭)에서 문인들과 모여 술잔을 물 위에 띄워 놓고 시를 짓고 즐긴 놀이로

소은병은 낙서재터 뒤에 있는 바위이다. 상면에는 홈이 패어 있고, 빗물의 배수를 위해 석구(石溝)를 파서 빗물이 고이면 바위벽을 타고 흘러내리게 했다. 원래 소은병 주위는 빽빽이 수림을 이루고 있어, 고산이 엄동설한에도 나와 앉아 사색에 잠기던 곳이다.

무민당터(가운데)와 무민당의 기와 조각(아래). 무민당은 낙서재 남쪽에 고산의 침소로 지은 한 간 집으로, 세상을 등지고 산다는 뜻에서 '無悶堂'이라고 했다.

곡수당터. 곡수당은 고산의 아들 학관이 휴식하는
공간으로 세워졌다. 낙서재에서 동북방으로
약 이백 미터 떨어진 아늑한 곳에 있으며, 작은
개울을 중심으로 초당·석정·석가산·평대·
연지·다리·화계 등이 좌우로 조성되었었다.

곡수당지의 개울가에 남아 있는 작은 석실.

곡수당 주변 공간 배치도.

부터 시작된 것으로, 경주 포석정터(鮑石亭)에도 석구(石溝)가 남아 있고, 서울 창덕궁(昌德宮) 후원의 옥류천(玉流川)에도 유상곡수의 석구가 남아 있다. 그리고 목욕반이 있어 고산이 때때로 여기서 목욕을 했던 것으로 보인다. 지금 이 유적은 둑을 막아 저수지가 되어 버렸다.

『고산유고』에 '낭음계(朗吟溪)' 시가 남아 있다.

옥으로 장식한 듯 아름다운 경요굴	漱玉瓊瑤窟
옥류의 물소리 소대에 얽혀 있다.	玲瓏縈小臺
동정호를 날아 넘어 지나는 과객	洞庭飛過客
응당 이곳을 향해 찾아오리	應向此中來

7. 조산(造山)

주산에서 떨어져 내려온 은은한 산맥이 들판을 건너면서 차츰 날등을 일으키고 있는 조산은, 동천석실이 있는 안산(案山) 아래 맞은편에 있으며, 높이는 두어 길에 지나지 않고, 길이는 수십 보이다. 고분(古墳) 같은 산인데, 자연적이지만 인공으로 조성한 것 같다고 하여 조산이라 이름붙였다. 이 조산 안에 연정(蓮亭)이 있었다.

8. 하한대(夏寒臺)

곡수당(曲水堂) 북쪽 해발 113미터의 작은 봉우리이다. 『보길도지』에 의하면, 이곳은 장송(長松)이 늘어서 있던 곳이다. 여름에도 서늘하다는 뜻으로 하한대라 이름한 것 같다.

9. 혁희대(赫羲臺)

혁희대는 격자봉에서 북쪽으로 뻗은 중간 봉우리로, 격자봉 아래에서는 제일 높은 봉우리이다. 이 봉에 오르면 멀리 고산의 고향과 임금이 계신 궁궐을 바라본다는 연모의 정이 담겨 있다.

『보길도지』의 기록에서 보이는 '승황예구(陞皇睨舊)'는 중국 초사(楚辭)

정방형의 곡수당 방지(위).
곡수당 옆에 위치해 있는 장방형의 연지(아래).

굴원(屈原)의 이소(離騷)에 나오는 "승황의 혁희에 오름이여 홀연히 옛 고장
을 굽어보다(陞陞皇之赫羲兮 忽臨睨夫舊鄕)"란 귀절에서 유래된 말로, 높은
곳에 올라 고향을 굽어본다는 뜻이다. 고산은, 참소에 의해 초나라에서 쫓겨
난 굴원이 장사(長沙)의 멱라수(汨羅水)에 빠져 죽으면서 나라를 걱정한
높은 절의를 빌어 충의의 단심(丹心)을 표현했다.

10. 석전(石田)

격자봉에서 서쪽으로 뻗은 산등성이에 밭이랑같이 생긴 암산이 있다. 이를 석전이라 하였다.

11. 미산(薇山)

미산은 부용동 동쪽에 있는 해발 113미터의 산으로, 사슴을 길렀던 곳이다. 부용동 8경 중에는 미산에 노는 사슴(薇山遊鹿)이 있다. 산에 사슴을 기르기 위해 산록에 석축담을 쌓았는데 지금도 남아 있다.

고산의 '미산(薇山)' 시를 옮겨본다.

서산을 불러 미산이라 이르는데	西山號曰薇
아득히 연하 속에 잠겨 있다.	邈邈烟霞裡
백이와 숙제가 보게 된다면	試使夷齊看
손을 끌고 미산으로 오르리	相攜定登彼

이 시에서는 백이(伯夷)와 숙제(叔齊)가 수양산(首陽山)에 들어가 고사리를 캐먹다가 굶어 죽은 절의를 흠모하는 일단을 보여주고 있다.

12. 석대(石臺)들

고산은 자연의 경승에 대(臺)의 명칭을 여러개 붙였다. 즉 독등대(獨登臺), 상춘대(賞春臺), 언선대(偃仙臺), 오운대(五雲臺) 등이다. 오운대는 선녀가 노는 곳이며, 언선대는 신선이 내려와 누워 있는 대란 뜻이다.

13. 기와 가마터(瓦窯址)

가마터는 낙서재에서 서쪽으로 300미터쯤 거리에 있으며, 고산이 부용동을 경영할 때 사용한 기와를 구운 곳으로 보인다. 주위에는 많은 기와 조각이 흩어져 있다.

맺음말

보길도 부용동 원림은 여러 면에서 유학자적 선비관에 입각한 조선시대의 전통적인 조원 기법을 드러내고 있는데, 앞에서 언급한 보길도 원림의 특색과 더불어 조선시대 조원의 특징들을 간략하게 살펴보기로 하자.

조선시대 선비들은 문아(文雅)한 사색의 터전을 동경하였다. 그들의 이상향은 주자(朱子)가 무이구곡(武夷九曲)에 세운 무이정사(武夷精舍)였다.

주자는 1183년 중국 숭안현(崇安縣) 무이산(武夷山) 아래 숭계(崇溪)가 흐르는 경승지인 무이구곡에 무이정사를 짓고 『무이정사잡영병기(武夷精舍雜詠幷記)』를 썼으며, 1184년에는 「무이도가(武夷櫂歌)」를 지었다. 후대에 이를 묘사한 「무이구곡도(武夷九曲圖)」가 많이 그려져 선비들이 소장하고 있었는데, 조선의 성리학자(性理學者)들은 그들의 서당(書堂)이나 서원(書院), 별서(別墅) 등을 건립할 때, 주자의 『무이정사잡영병기』의 내용과 무이구곡의 이상향을 조영하고자 했다. 그리하여 서원이나 별서의 조원 공간에는 동양적 자연관과 성리학의 우주관 및 은둔(隱遁)의 행동양식이 표현되었던 것이다.

조원 유적 중 대표적인 것들은 다음과 같다.

경북 봉화의 내성서곡에 있는 권충재(權冲齋)의 별서, 한국 최초의 서원으로 1542년 건립된 소수서원(紹修書院)의 원림, 1557년에 건립된 퇴계의 도산서원(陶山書院) 원림, 1572년에 건립된 이언적(李彦迪)의 옥산서원(玉山書院) 원림, 1575년에 건립된 율곡의 고산석담구곡(高山石潭九曲) 은병정사(隱屛精舍) 원림, 남명의 덕산산천재(德山山天齋) 원림, 1530년대에 조성된 양산보의 담양 소쇄원(瀟灑園), 1600년경 우복(愚伏)이 조성한 상주 우복산장과 우암의 대전 남간정사(南澗精舍) 등이 있는데, 이러한 조원들은 윤고산이 전남 보길도에 조성한 부용동 별서 원림과 조원의 성격, 사상적 배경, 은둔의 행동 양식이 비슷하다. 선비 별서의 원림은 후대에도 계속 이어져 강원도 화천 영당동(影堂洞) 김수증(金壽增)의 화음동정사(華陰洞精舍),

1808년에 조성된 전남 강진의 다산 초당, 서울 부암동의 대원군 석파정(石坡亭), 서울 성북동의 성락원(城樂園), 양산 물금면 화룡리 우규동(禹圭東)의 소한정(小閒亭) 별서 등이 조성되었다.

이러한 대부분의 원림들에는 대의(大義)를 지키려는 절개와, 학문과 더불어 자족(自足)하려는 환경의 조성이 공통적으로 흐르고 있다.

첫째, 글읽고 강론하는 선비의 글방 건물과 자연의 경승을 관조하고 사색하는 정자 등의 건물이 있다.

둘째, 물을 이용한 계간(溪澗) 계담(溪潭) 석천(石泉) 연못 등을 배치하였고, 계간이나 연못에 석교 목교 죽교 등 간결한 다리들을 설치하기도 했다.

세째, 돌을 자연의 영물(靈物)이라 하여 암석이나 괴석을 배치했고, 원림의 공간 속에 석상(石床) 평상(平床) 물학 물레방아 석가산 등 조원 속의 기물(器物)과 가산을 배치하기도 했다.

넷째, 화목으로는 소나무 대나무 매화 난초 국화 연꽃이 거의 공통적으로 심어져 있고, 건물에는 화려한 단청을 하지 않았으며, 화계(花階)나 연못 호안 등의 모든곳에 다듬은 석재가 아닌 자연석을 사용하여 자연에 지극히 동화되도록 만들었다.

다섯째, 주위 자연의 산과 계류 암석 등에 상징적 의미를 부여하여 사색의 터전으로 삼았다. 그러나 이러한 선비의 조원 공간 속에는 각자의 안목과 개성이 작용하였다.

보길도 부용동 원림을 보면, 격자봉 밑의 낙서재(樂書齋) 공간은 고산 선생이 학문을 강론하던 곳이며, 세연정(洗然亭) 계담과 곡수당(曲水堂) 지역은 자족을 얻고 소요하던 곳이다.

낙서재 앞산의 동천석실(洞天石室) 지역은 현실을 초월하여 고산이 우화등선(羽化登仙)하고자 했던 사색의 공간이기도 했다. 고산의 높은 조원 안목은 문학적 사색지로서 또한 그 시대 여러 선비들의 조원 가운데서도 섬세하고 기발한 면모를 보여주고 있다.

그 중에서도 세연정 옆의 계류에 돌로 보를 막아 다리가 되게도 하고,

물이 넘칠 때는 폭포가 되게도 하며, 계류의 물을 인공 연못으로 돌려 넣어서 흘러 나가게 만들어 계정의 수면을 조정하게 한 것은 기발한 착상이라고 할 것이다. 그리고 물을 넣는 수입구(水入口) 시설도 들어가는 물구멍을 높게 만들고 나가는 물구멍을 낮게 만들었는데, 이를 통해서도 우리는, 섬세한 기교와 수압을 이용한 고산의 과학적 안목을 볼 수 있는 것이다.

이처럼 부용동 원림은 다른 선비 조원에서는 볼 수 없는 고독한 자아적(自我的) 소요처로서의 개성이 강하게 나타난 원림이다.

또한 부용동 원림은 한국 조경사에 있어서 중요한 자리를 차지하고 있는데, 왕궁의 원림이나 사찰의 원림이나 민가의 조원과는 다른 선비 조원의 특성을 잘 보여준다. 특히 고산은 그의 문학적 상상력을 조원의 조영 기술에 잘 연결시킬 수 있는 안목을 가지고 있었다. 이는 우리 국문학사에 있어 어떤 문인도 해내지 못했던 경지를 엿보게 한다.

이 유적은 학술적 발굴과 복원 및 보존을 위한 기술적 과제를 가지고 있어 이 분야를 연구하는 많은 사람들에게 대단한 관심을 불러일으키고 있다. 현재 문화재관리국의 문화재연구소가 지표 조사와 간이 발굴 조사를 실시하면서 정밀한 현황 실측 작업을 추진중이며, 앞으로도 보존 및 복원에 대한 구체적인 작업이 이루어질 예정이다.

지금까지는 사적지라 하면 고분이나 궁지 사지 성곽 등에만 관심이 기울어졌었는데, 앞으로는 이러한 조원의 유적에 대하여도 관심을 기울여나가야 할 것이다. 일본 하면 세계적 정원 문화 국가로 상징되고 있다. 이러한 것은 모두 일본이 인공적 자연의 조성에 뛰어난 축경식 정원 문화를 잘 연구하여 세계에 알린 덕택이다. 그러나 일본에 정원 문화를 전파시킨 것은 백제였다. 우리도 이러한 조원 문화의 연구와 보존에 힘써야겠다.

참고문헌

鄭在鑂「朝鮮朝 別墅造景遺蹟의 一例(尹孤山 芙蓉洞)」『韓國造景學會誌』제2호,
    1973, pp. 65-68.

鄭在鑂「보길도 윤고산의 별서원(別墅苑)」계간『조경』제8호, 1985.

鄭在鑂『甫吉島尹孤山遺蹟』文化財管理局, 1985.

鄭瞳昤「孤山 尹善道의 別墅生活과 芙蓉洞 苑林의 池苑에 대한 고찰」『孤山 文化
    遺蹟調查研究報告書』孤山研究會, 전남대학 출판부, 1988, pp. 147-179.

鄭瞳昤「李朝時代의 庭園에 關한 研究」『韓國造景學會誌』1974, p. 27

朴焌圭「孤山의 漢詩 研究」『孤山文化遺蹟調查研究報告書』孤山研究會, 전남대학
    출판부, 1988, pp. 23-72.

송하진「보길도 지명에 대한 고찰」『孤山文化遺蹟調查研究報告書』孤山研究會,
    전남대학 출판부, 1988, pp. 101-146.

李廷燮「甫吉島識 국문번역」『甫吉島尹孤山遺蹟』文化財管理局, 1985, pp. 23-47.

李廷燮「甫吉島識 번역」계간『조경』제8호, 1985.

丁世勳 외「甫吉島尹孤山遺蹟調查報告書」莞島郡, 1981.

부록

보길도지
어부사시사

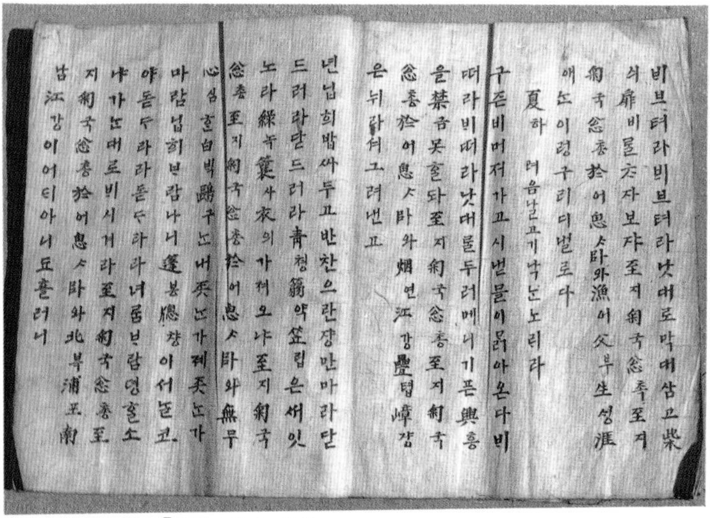

『孤山遺稿集』 중의 「어부사시사」 부분.

보길도지(甫吉島識)

　보길도는 둘레가 60리로 영암군(靈岩郡)에 속하며, 수로로는 해남에서 남쪽으로 70리 떨어진 거리에 있다.

　보길도 북쪽에는 장자(獐子)·노아(鷺兒) 등의 섬이 있고 그 외에도 십여 개의 섬들이 여기저기 나열해 있다. 남쪽에는 제주(濟州)의 추자도(楸子島)가 있다. 이곳을 지나면 대양(大洋)이 되는데 수세(水勢)가 사납고 바람과 파도가 늘 일고 있다.

　배는 정자 머리 황원포(黃原浦)에 댔다. 정자에서 황원포까지는 십 리이며, 황원포에서 격자봉(格紫峰) 아래까지는 오 리 남짓하다.

　주산(主山)인 격자봉은 높이가 60～70길쯤 된다. 격자봉에서 세 번 꺾여져 정북향(午坐子向)으로는 혈전(穴田)이 있는데, 이곳이 낙서재(樂書齋)의 양택(陽宅)이다. 격자봉에서 서쪽을 향해 줄지어 뻗어내려 가는 도중에 낭음계(朗吟溪)·미전(薇田)·석애(石厓)가 있고, 서쪽에서 남쪽, 남쪽에서 동쪽을 향해 구불구불 돌아 안산(案山)이 되어 세 봉우리가 나란히 솟았으며, 오른쪽 어깨가 다소 가파르다. 격자봉과의 거리는 오 리이며, 높이와 크기는 격자봉에 미치지 못한다.

　가운데 봉우리의 허리에는 석실(石室)이 있다. 동쪽 봉우리의 동쪽에는 승룡대(升龍臺)가 있으며, 동쪽 봉우리의 산발치가 외수구(外水口)가 되어 장재도(藏在島)의 오른쪽 기슭과 맞닿는다. 장재도는 남쪽에서 띠처럼 산줄기를 끌고오다가 둥근달처럼 생긴 섬으로, 양쪽 산의 한가운데 위치해 있다.

　격자봉에서 오른쪽으로 떨어져 선회하면서 세 갈래로 나뉘어 빙돌아 북쪽으로 비스듬히 뻗어내려 가다가 낙서재의 동쪽을 평탄하게 감싸 돌며, 승룡대와 마주하고 둥근 모자처럼 우뚝 솟아 있다. 여기에는 훤칠하게 자란 소나무가 여기저기 서 있는데, 이곳이 하한대(夏寒臺)이다.

　대체로 석전(石田)은 낙서재의 왼쪽이 된다. 그리고 미전과 석애는 내청룡(內青龍)이 되고, 하한대는 우백호(右白虎)가 된다. 석전과 낙서재는 오 리쯤 떨어져 있다. 미전과 석애는 그 중간에 있고 하한대는 두어 마장(數矢) 거리에 있다. 하한대의 높이는 주봉(主峰)에 비하면 삼분의 일 정도이며, 그 가지가 구불구불 돌아 내려온 것은 또 하한대에 비하여 반쯤밖에 안 된다.

　하한대 아래는 곡수당(曲水堂)이고, 북쪽은 승룡대의 산기슭과 합하여 내수구(內水口)가 된다. 낭음계에서 흘러온 이 물은 북산(北山) 밑을 돌아 가운데에 연정(蓮亭)이 된다. 다시 하한대의 북쪽을 끼고 비스듬히 흐르다가 동쪽으로 나와 세연지가 되면서 황원포로 흘러가며 냇물을 따라 골짜기로 들어가는 길이 된다.

　오른쪽으로 떨어진 산줄기가 셋으로 나뉘어졌는데, 그 중 하나는 하한대이고 가운데로 떨어진 것이 혁희대(赫羲臺)이다. 혁희대는 하한대와 동일한 모습이나, 하한대의 왼쪽 편편한 가지 위에 약간 솟아 있어, 마치 사람이 어깨를 포개 놓고 나란히 넘보는 것과도 같다. 그리고 바깥 가지는 모서리를 이루며 돌아 동쪽으로 떨어져 옥소대(玉簫

臺)가 되고, 그 그림자가 세연정 못 속에 거꾸로 비친다. 또 뻗어나와 외수구(外水口)가 되어 장재도의 왼쪽과 만난다. 오른쪽과 서로 만나는 곳은 수십 보 떨어져 있다. 바닷물이 장재도 안으로 들어가는 곳으로서 원형으로 감싸고 돌고 물이 맑아 완연히 평평한 못을 이루고 있다. 장재도의 밖에 구불구불 옆으로 안고 돌아 바다 기운을 다 감추고 있는 곳은 노아도(鷺兒島)이다.

석전의 서쪽, 승룡대의 북쪽으로 겹겹이 감싸고 도는 산 가지가 몇이나 되는지 알 수 없으나, 낙서재에서 보이는 것은 오직 미전, 석애, 석전의 안봉(案峰) 및 하한대와 혁회대가 상투처럼 반쯤 보일 뿐이다. 사방을 둘러보면 산이 빙 둘러싸여 있어 푸른 아지랑이가 어른거리고, 무수한 산봉우리들이 겹겹이 벌여 있는 것이 마치 반쯤 핀 연꽃과도 같으니 부용동(芙蓉洞)이라는 이름을 얻게 된 것은 이에서 연유된 것이다.

물은 낭음계에서 발원하여 세연지에 이르러서야 평활해졌는데, 맑디맑아 푸른빛을 띤다. 또 백옥 같은 암석은 짐승이 움츠리고 앉은 듯 사람의 형체인 듯하여 이름지을 수 없다. 그래서 유람객들은 중흥(中興)의 돌, 삼청(三淸)의 물도 이보다 더 아름답지 못하다고 찬미한다. 어떤 이는, "동방의 명승지는 삼일포(三日浦)와 보길도가 최고인데, 그윽한 아취를 갖게 하는 곳은 삼일포가 보길도에 미치지 못한다" 한다.

산이 무더운 구름과 장기(瘴氣)가 서린 바다 가운데에 있지만, 지기(地氣)가 청숙(淸淑)하여 한 번 부용동에 들면 이 산 밖에 바다가 있는 줄을 모른다. 그런가 하면 음침한 비구름이 한달 내내 덮고 있으나 주초(柱礎) 사이에는 습한 기운이 없고, 산속에는 사슴·돼지·노루·토끼는 있어도 범·표범·뱀·전갈에 상처 입을 걱정이 없다. 나무로는 소나무·가래나무·밤나무·산다(山茶)·유자나무·석류나무가 있어 온 산이 늘 푸르다. 그리고 죽순·고사리·버섯 등 산과 들에서 나는 진미와 태화(苔花)·전복·조개 등 맛은 철따라 다르지만 이른바 산해진수(山海珍羞)를 모두 갖추었다 하겠다.

거주하는 사람들이 적어서 벼랑 위나 암석에 의지하여 사는 주민은 수십 호에 지나지 않는다. 그러나 산새와 들짐승의 우짖는 소리가 들리고, 나무 그늘이나 풀 밑에서 자고 쉬며, 고사리도 따고 상수리와 밤을 줍기도 하면서 아침 저녁으로 왕래하는 사람들은 돼지나 사슴들과 벗삼는다.

이것이 보길도 경관의 대략이다.

甫吉島 周廻六十里 地屬靈巖郡 自海南 南抵水路七十里 北有獐子鷺兒等島 其他諸島之羅列相望者 以十數 其南 則惟濟州楸子 而過此爲大洋 水勢悍惡 風濤常作 舟泊於亭子頭黃原浦 亭子之到黃原十里 自黃原至格紫峰下 五里餘 峰爲主山 高可六七十丈 自峰三折 而落爲穴田 午坐向子 是爲樂書陽基 自峰西向列馳 而有朗吟溪薇田石厓 自西而南 自南而東向 迤迤回合 而爲案山 三巒並峙 而右肩稍促 與格紫相距五里 高大則不及 中巒之腰 爲石室 東巒之東 爲升龍臺 自東巒北而東 東而北 轉巒之列脚 爲外水口 合於藏在島之右 藏在者 自南而來 迤如帶圓如月 正當兩山之闕者也 自格紫右落而回旋 分爲三枝 宛轉北迤 而平抱樂書之東 與升龍對 而停峙如圓帽 長松列植者 夏寒臺也 盖石田 爲樂書之左 而薇厓爲內龍 夏寒爲右虎 石田之與樂書 相距幾五里 而薇

厓居中 夏寒爲數矢之地 臺之高 視主峰三分無二 其枝之宛轉而來者 又半於臺焉 坮之下 爲曲水
堂 臺之北 與升龍之足合 而爲內水口 水自朗吟 而縈廻於北山之下 中爲蓮亭 迤回夏寒之北 東出
爲洗然 而注於黃原浦 緣川而爲入洞之路焉 右落而三分者 一爲夏寒 中落爲赫羲 與夏寒同形
而稍出於夏寒之左平枝之上 如人之疊肩 而幷關者 外枝則回査轉角 而東落爲玉簫 影倒於洗然池
中 又出爲外水口 而合於藏在之左 與右之相合者 間可數十步 海之入于藏在者 圓抱澄明 宛作平
潭 藏在之外 蜿蜒橫抱 藏盡海氣者 鷿兒也 石田之西 升龍之北 重廻複抱者 盖不知幾枝葉 而樂
書之所見 惟薇厓石田案峰及夏寒 與赫羲之半髻而已 四望回合 嵐翠蒼蔚 群巒疊列 如蓮花半綻
芙蓉之名 盖以此也 水發原於朗吟 到洗然始平闊 而色淺碧無滓 岩石皆瀅白 獸蹲大形 殆不可名
遊覽者 咸以爲中興之石 三淸之水 不足稱美也 或言東方之勝 唯三日浦與甫吉爲最 而幽靜之趣
三日亦有不及云 山居炎雲瘴海之中 而地氣淸淑 一入芙蓉 遂不知山外有海也 陰雲伏雨 迷濛晦
朔 而柱礎間 夫當有蒸濕之氣 山有鹿豕獐兔 而無虎豹蛇蝎之患 樹則松檜楸栗山茶柚榴 四山長
靑 筍蕨薑蒢山肴野芳 與夫苔花鰒蛤 四時之味不同 而世所謂山珍海錯 皆具焉 居民鮮少 懸厓依
石者 不過數十戶 山禽野獸 鳴聲相聞 憩蔭眠草 採薇蕨拾橡栗 往來朝暮者 與豕鹿爲羣 此甫吉之
大略也

세연정(洗然亭)

한 간에 사방으로 퇴를 달았다. 낙서재, 무민당 및 세연정에는 모두 판호(板戶, 널판자
로 만든 문)로 위 아래에 나무 지도리를 만들어서 문을 열면 위의 것은 처마에 걸리고
아래 것은 땅에 드리우게 된다. 또 닫으면 마주 합한 판옥(板屋)이 되어 바람과 비를
막아 준다.

헌(軒)의 높이는 한 길이고 섬돌 높이 또한 한 길쯤으로 못의 중앙에 위치해 있다.
물은 동쪽에서 구불구불 흘러내리다가 여러 개울물과 합쳐 이곳에 이르러서는 방지
(方池)를 이루고 있다. 꽤 넓어서 동서는 6—7간이 되고 남북으로는 두 배가 된다. 굴곡
된 지형을 따라서 잡석으로 축조를 했고, 혹은 암석을 의지하여 대를 만들기도 했으며,
흙을 쌓아 제방을 만들기도 했다. 이렇듯 돌아가며 짧은 제방을 두르고 산다(山茶)와
영산홍을 심었다. 그래서 봄이면 꽃이 어지럽게 떨어지고 푸른 이끼 또한 하나의 비단첩
을 이루었다.

부용동에서부터 제방둑에 이르는 길 양쪽에는 장송(長松)이 울창하며, 제방둑에 이르
면 다소 편편하고 널찍하다. 정자의 서쪽, 제방 동쪽에는 겨우 한 간 정도 넓이에 물이
고여 있으며, 그 중앙에는 거북이가 엎드려 있는 형상의 암석이 있다. 거북이 등에 가로
로 다리를 놓아 누(樓)에 오른다. 이 다리가 비홍교(飛虹橋)이다. 비홍교 남쪽에는 혹약
재연(或躍在淵) 등의 일곱 암석이 있어 정자 서쪽의 편액을 칠암헌(七岩軒)이라 하였
다.(중앙은 洗然亭, 남쪽에는 樂飢欄, 서쪽으로 同何閣, 동쪽에는 呼光樓라 했다. 편액은
고산연보 참조.) 암석은 모두 정결하고 말쑥하다. 더러는 제방을 지고 물을 마시고 더러
는 흙을 깔아 소나무를 심기도 했다.

수원을 끼고 오르노라면 굽이굽이 보이는 경관들이 모두 인공을 가하지 않은 자연

그대로임을 알 수 있다. 장송은 수면을 스치고, 단풍나무와 삼나무는 암석을 가리고 있다. 또 두어 자 깊이의 물은 맑디맑아 푸른빛을 띠고 있다. 못 속의 암석들은 모두 둥글거나 모나며 깨끗하고 물이 맑아서 암석 위에 물이 넘쳐흐르는 것도 환히 들여다볼 수 있다. 못 남쪽 한가운데는 암석이 울멍줄멍 모여 조그마한 섬을 이루고 있는데, 그 위에는 소나무와 대나무가 자라고 있다. 북쪽에도 크기가 엇비슷한 암석들이 작은 섬을 구축했고, 동쪽의 좌우에는 각각 3층씩 방대(方臺)를 구축하였는데, 이를 동대(東臺)와 서대(西臺)라 한다.

남쪽 봉우리 위에는 옥소대(玉簫臺)라는 석대(石臺)가 있는데, 못 속에 그림자가 못 속에 거꾸로 비친다. 정자에 오르면 서쪽으로 미전과 석애를 볼 수 있고, 동으로는 장재도를 대하고 있으며, 전후좌우로는 푸른 산이 판히 펼쳐져 있다.

또한 황원포는 완연히 평담(平潭)을 이루고 있으며, 앉으면 소나무 숲속에 가려져서 고깃배의 돛대만 장재도 사이로 은은히 보일 뿐이다. 하늘빛 바다빛이 천태만상으로 변하기 때문에 정자 동쪽에 조그마한 누를 지어 호광(呼光)이라 하고, 공(公)은 매양 난간을 의지한 채 멀리 바라보았다고 한다.

공은 늘 무민당에 거처하면서 첫닭이 울면 일어나서 경옥주(瓊玉酒) 한 잔을 마셨다. 그리고 세수하고 단정히 앉아 자제들에게 각기 배운 글을 읽고 토론케 했다. 아침식사 뒤에는 사륜거(四輪車)에 풍악을 대동하고 곡수(曲水)에서 놀기도 하고 혹은 석실(石室)에 오르기도 했다. 일기가 청화(清和)하면 반드시 세연정으로 향하되, 곡수 뒷산 기슭을 거쳐 정성암(静成庵)에서 쉬곤 했다. 학관(고산의 서자)의 어머니는 오찬을 갖추어 소거(小車)를 타고 그 뒤를 따랐다. 정자에 당도하면 자제들은 서립(侍立)하고, 기희(妓姬)들이 모시는 가운데 못 중앙에 작은 배를 띄웠다. 그리고 남자아이에게 채색옷을 입혀 배를 일렁이며 돌게 하고, 공이 지은 어부수조(漁父水調) 등의 가사로 완만한 음절에 따라 노래를 부르게 했다. 당 위에서는 관현악을 연주하게 했으며, 여러 명에게 동ㆍ서대에서 춤을 추게 하고 혹은 긴 소매 차림으로 옥소암(玉簫岩)에서 춤을 추게도 했다. 이렇게 너울너울 춤추는 것은 음절에 맞았거니와 그 몸놀림을 못 속에 비친 그림자를 통해서도 볼 수 있었다. 또한 칠암에서 낚시를 드리우기도 하고 동ㆍ서도(東西島)에서 연밥을 따기도 하다가 해가 저물어서야 무민당에 돌아왔다. 그 후에는 촛불을 밝히고 밤놀이를 했다. 이러한 일과는 공이 아프거나 걱정할 일이 없으면 거른 적이 없었다 한다. 이는 "하루도 음악이 없으면 성정(性情)을 수양하며 세간의 걱정을 잊을 수 없다"는 것이다.

一間四退 樂書無悶及洗然 皆板戶 上下木柩 開則上挂檐下垂地 閉則合爲板屋 用防風雨 軒高一丈 階高亦丈許 正當池中 水自東蜒而來 衆流合襟 至此 匯爲方池頗廣 東西六七間 南北倍之 築以雜石 屈曲隨地 或依岩作臺 或築土爲隄 環以短堤 皆植山茶暎山紅 春花亂落 青苔作一錦地 自芙蓉 長松夾路 到堤稍平曠 亭西堤東 水廣僅一間 中有石如伏龜 橫橋其背曰飛虹 緣以上樓 橋南 有或躍在淵等七岩 故亭西之額曰七岩 (中曰洗然 南曰樂飢 西曰同何 東曰呼光) 岩皆浄白

74

瘦削 或負堤飲水 或戴土植松 沿源而上 灣洄 透迤 皆天然無人工 長松拂水 楓杉翳石 水湥數尺
淺碧可鑑 池中數石 皆潔白方圓 水舖其上 粼粼可見 池南正中 有亂石自聚 爲小島 松竹生其上
遂於池北 亦築小嶼 大小相似 池東左右 築方臺各三層 名以東西 池南峯之上 有石臺 號曰玉簫
影倒於池 中 亭上西瞻薇厓 東對藏在 左右前後 積翠平鋪 黃原一浦 宛作平疇 而坐則隱於松林唯
見帆檣 隱暎於藏在之間而已 天容海色 變幻呈態 故亭之東面一間 別起小樓 名曰呼光 公每倚欄
眺望焉 公常居無悶 鷄鳴而起 飲瓊玉酒一琖 乃盥櫛危坐 見子弟 各以所學進講 朝食後 駕四輪車
絲竹隨之 或遊曲水 或上石室 而日氣淸和 則必向洗然 由曲水後麓 憩于靜成 學官母具書饌 乘小
車隨後 到亭 子弟侍立 諸姬列侍 置小舫於池中 令童男衣綵服 漾舟環廻 以所製漁父水調等詞
緩節而歌 堂上奏絲竹 令數人 舞於東西臺 或以長袖 舞於玉簫 岩影落於池 蹓躃中節 或垂釣七岩
或采蓮於東西島 日暮酒歸 至無悶 或張燭夜遊 非疾病憂慽 盖未嘗一日廢也 日一日無樂 無以怡
養情性 而忘世間之夏也

동천석실(洞天石室)

 낙서재터를 잡던 처음에 안산(案山)을 마주하고 앉아 있다가 한참 뒤에 남여(籃輿)
를 타고 곧바로 석실로 향해 가서 황무지를 개척했다. 기교하고 고괴(古怪)한 석문(石門),
석제(石梯), 석난(石欄), 석정(石井), 석천(石泉), 석교(石橋), 석담(石潭) 들은 모두가
인공을 가하지 않은 자연 그대로이며 그 모양에 따라 이름지어 졌다. 이곳 석함(石凾)
속에 한 간 집을 짓고 명명하기를 '동천석실(洞天石室)'이라 했다.
 대체로 안산의 중간 봉우리 기슭에서 수십 보 올라가면 돌길이 구불구불 나 있고,
산 허리에 이르면 갑자기 층계가 분명한 석제가 있는데, 마치 사람이 축조한 것과 같
다. 이 석제를 따라 올라가면 석문이 있다. 석문은 양쪽에 석주(石柱)가 마주 서 있고,
그 밑에는 깎은 듯한 괴석이 문지방과 흡사한 모양을 하고 있는데 이같은 모양이 겹겹이
있다. 그 안에는 두어 간 되는 반석이 있다. 가운데는 오목하고 동이와도 같은 돌이 놓여
있으며, 겉은 깎은 듯하다. 공은 이곳을 몹시 사랑하여 부용동 제일의 절승이라 하고
그 위에 집을 짓고 수시로 찾아와 놀았다. 이곳에 앉으면 온 골짜기가 내려다보이고,
격자봉(格紫峰)과는 평면으로 마주하게 되며, 낙서재 건물이 환하게 눈앞에 펼쳐진다.
대체로 사건이 있으면 무민당(無悶堂)과 기(旗)를 들어 서로 호응하기도 했다. 공은
때로는 암석을 더위잡고 산행하기도 했는데, 발걸음이 매우 경쾌하여 나이가 젊은 건각
들도 따라가지 못했다 한다.
 석실 오른쪽에는 석대(石臺)가 있다. 높이는 한 길 남짓하고, 넓이는 두어 사람이 앉을
만하다. 석대 밑에는 또 석문과 석제가 있고 석문 밖으로는 벼랑처럼 끊어진 매우 위험
한 석폭(石瀑)이 있다. 등넝쿨을 더위잡고 내려오면 맑게 흐르는 샘물은 아름다운 음악
을 들려 주고, 단풍나무 소나무 그늘이 덮여 있는 밑에는 검푸른 이끼가 돋아 있으며,
물이 떨어지면서 석담을 이루고 있다. 즉 천연적으로 이루어진 하나의 함과 같다. 석담
(石潭) 가에는 석정(石井)이 있다. 옛날부터 전해오는 말에는 장노(匠奴)가 죄를 저지르
고 속죄하기 위해 이 우물을 팠다 한다. 한 간쯤 되는 석정에는 티없이 맑은 물이 넘쳐

흐른다. 그 밑에는 석교가 있으니, 곧 문집(文集)에서 말하는 희황교(羲皇橋)이다.

初占樂書基 坐對案峰移時 遂命籃輿 直至石室 開拓荒蕪 石門石梯石欄石井石泉石橋石潭奇巧 古怪 皆天然呈露 不加人工 因形命名 遂構一間屋於石凾中 命曰洞天石室 盖自案峰中巒之足 上數十步 石逕縈廻 至中腰 忽有石梯 層級分明 如人築成然 緣梯而上 有石門 兩柱對立 其下 怪石剝削 自作閫限 如此兩重 中有石盤 方數間 中凹外截 正中有石如盆 公絶愛之 以爲芙蓉第一 之勝 仍架屋其上 時常來遊 坐此亦俯臨全堅 平對格紫 樂書軒房 瞭然羅眼 凡有事 與無悶擧旗相 應 有時攀行岩石 步屧甚輕 年少健步者莫及焉 石室之右 有石臺 高丈餘 可坐數人 臺下又有石門 石梯 石門之外 有石瀑 斗絶甚險 攀蘿而下 飛泉淸潔 琤瑽作樂 楓松蔭覆 苔蘚紺翠 水落爲石潭 天作一凾 潭邊有石井 舊傳 有匠奴犯罪 鑿此以贖云 井可一間許 水澄澈無塵 其下有石橋 即文集 所謂羲皇橋也

낙서재(樂書齋)와 무민당(無悶堂)

혈맥이 격자봉에서 세 번 꺾어져 내려오면서 소은병(小隱屏)이 있고 소은병 아래가 낙서재터가 되었는데, 그 혈전(穴田)은 꽤 높고 크다. 왼쪽은 양(陽), 오른쪽은 음(陰)에 속한다. 입술은 다소 끝이 뾰족하고, 오른쪽에는 맑은 물이 감돌아 흐르고 있다.

충헌공(忠憲公, 고산 윤선도의 시호)이 병자년(1636년)에 근왕병을 일으켜 물길로 이곳을 떠난 뒤 수일이 안 되어 강도가 함락되었다. 공은 생각하기를, 호남으로 급히 돌아가면 영남으로 통할 수 있을 것이고 조정의 명령도 들을 수 있을 것이라고 여겼었다. 그렇지 못하면 백이(伯夷)처럼 서산(수양산)에 들어가 고사리를 캐먹고(西山之薇), 기자처럼 은둔하여 거문고를 타며(箕子之琴), 관녕처럼 목탑에 앉아 절조를 지키는(管寧之榻) 것이 나의 뜻이라 하고 급히 영광으로 돌아왔다. 그러나 성하지맹(城下之盟, 남한산성 아래 삼전도에서 항복한 일)의 치욕이 있었다.

공은 충분(忠憤)에 복받치어 다시 육지에 오르지 않고 배를 띄워 남쪽을 향해 내려가서 탐라(耽羅)로 들어가려 하였다. 가는 길에 배를 보길도에 대고 수려한 봉을 바라보고는 그대로 배에서 내려 격자봉에 올랐다. 그 영숙(靈淑)한 산기(山氣)와 기절한 수석을 보고 탄식하기를, "하늘이 나를 기다린 것이니 이곳에 멈추는 것이 족하다" 하고 그대로 살 곳으로 잡았다.

그러나 수목이 울창하여 산맥이 보이지 않았다. 사람을 시켜 장대에 깃발을 달게 하고 격자봉을 오르내리면서 그 고저와 향배(向背)를 헤아려 낙서재터를 잡았다. 처음에는 초가를 짓고 살다가 그 뒤에는 잡목을 베어 거실을 만들었다. 그러나 견고하게만 만들었을 뿐 조각은 하지 않았다.(낙서재는 세 간으로 사방에 퇴를 달았으며, 간살이 매우 컸다.) 또 낙서재의 남쪽에 외침(外寢)을 짓고(한 간으로 사방에는 퇴를 달았으며, 간살이 매우 넓고 컸다) 두 침소 사이에 동와(東窩)와 서와(西窩)를 지었다.(각기 한 간씩인데 사방으로 퇴를 달았다.) 그리곤 늘 외침에 거처하면서 세상을 피해 산다(遯世)는 뜻으로 '무민(無悶)'이라는 편액을 달았다.(공은 천성이 활달하였다. 건물은 비록 화려하지 않으

76

나 간살은 모두 높고 크다. 房室은 藻井을 갖췄다. 이 조정은 속명으로 반자이다.)

이곳에 앉아 골짜기를 내려다보면 절승한 모든 봉우리를 한눈에 볼 수 있다.

옛날에는 뜨락 앞 섬돌과 약간 떨어진 거리에 조그마한 연못이 있었는데, 공이 세상을 떠난 뒤 학관(學官)이 옮겨다 파서 지금은 난간 아래 위치하게 되었다. 연못 좌우에는 화단을 쌓아 온갖 화초를 줄지어 심고, 그 사이사이 기암괴석(奇岩怪石)으로 꾸며 놓았으며, 뜰 아래에는 화가(花架)가 있다. 섬돌은 모두 잡석을 사용하여 형상이 거북 무늬와도 같다. 또 천연석처럼 조각한 흔적이 없으며, 지금도 틈이 벌어지지 않고 단단하게 남아 있다.

낙서재는 옛날에는 소은병 아래 있었다. 뒤가 낮고 앞이 높았던 것은 대체로 지형에 따랐던 것이다. 소은병이 바로 뒤 처마를 누르고 있고, 좌우 난간 가에는 괴석이 늘어서 있으며, 뜰 앞 한가운데에는 거북이 모양을 한 암석이 있어 이를 귀암(龜岩)이라 하였다. 이것이 곧 소은병의 여맥(餘脈)이다.

학관의 아들 이관(爾寬)이 내침(內寢)이 협소하다 하여 뜯어내고 다시 건축할 때, 뒤편을 편편하게 고르기 위해 모든 암석을 쪼아내 버리고 소나무를 베어 극히 사치스럽게 오량각(五梁閣)을 지었다. 그때 기초를 전보다 훨씬 낮추었고, 앞 기둥이 바로 귀암을 누르게 하였다. 현재 이 귀암도 반은 흙에 매몰되었고 난간 가 괴석은 찾아볼 수 없다.

일찌기 들은 말이다. 이관(爾寬)이 옛 터를 헐고 넓힐 때 일하던 사람의 꿈에, 신선 같은 백발 노인이 지팡이를 짚고 귀암에 걸터앉아 탄식하기를, "날아가는 용의 왼쪽 뿔을 깎아 버렸으니 장차 자손이 망하게 될 것이다"라고 하는 것이었다. 그 말을 이관에게 고하니, 이관은 성을 내며, "만일 영감(令監)이 꿈속에 내려왔다면 어찌 나에게 고하지 않고 너에게 고하겠느냐?" 하였다. 그런데 공사가 끝나기도 전에 횡액(橫厄)을 만나 가산을 탕진하여 이 건물도 팔아 버리게 되었다고 한다. 이 또한 이상한 일이라 하겠다.(水筒은 옛날에는 후원에서 샘물을 끌어와 지붕 마루를 넘겨 뜰 가운데로 떨어지게 하고 커다란 구유통으로 받아 사용하였는데, 지금은 西窩 뒤 뒤쪽으로 옮겨져 있다.)

穴 落自格紫峯三折 而有小隱屏 屏下爲樂書齋基 穴田頗高大 左陽右陰 脣稍尖銳 而右偏環淸流 忠憲公 丙子 水路勤 王 未至數日 江都已陷 公以爲急還湖南 嶺路可通 朝廷命令 亦必有聞 不然 則西山之薇 箕子之琴 管寧之榻 是吾志也 急廻至靈光地 有城下之辱 公忠憤所激 不復下陸 縱棹南下 欲入耽羅泊舟甫吉島 望見峰巒之秀 仍下舟登格紫峯見山氣之靈淑 水石之奇絶 歎曰 殆天所以待我 止此足矣 仍卜居地 而樹木榛翳 不見脊脈 遂令人持高竿着旗脚 自格紫上下 而度其高低向背 遂占樂書正基 初構草舍而居焉 後乃斫雜木爲室 務堅樸 不施雕刻(樂書齋三間而四退 間架甚大) 又構外寢於樂書之南(一間四退 間甚濶大)又構東西窩於二寢之間(各一間四面退) 常居外寢 而取遯世之義 扁曰無悶(公性曠豁 棟宇雖不取華飾 而間架皆高大 房室藻井 藻井俗名擧子) 坐此俯臨一洞 盡得諸峯之勝 庭前 舊有小池 與諸磴稍間 公卒 學官叟移鑿 令在欄下 左右築花階 列蒔衆卉 奇岩怪石 間之 庭下有花架 階砌皆用雜石 狀如龜文 天然無斧鑿痕 至今堅牢無罅隙 樂書齋 舊在小隱屏下 後低前高 盖仍地形也 隱屏 直厭後檐 左右欄邊 怪石列立 庭前正中

77

有石如龜形 名曰龜岩 此即隱屏餘脈也 學官之子爾寬 以爲內寢狹小 遂毀徹改建 打破後岸而平
之 削去諸岩 伐松作五梁閣 極侈大 而基礎視前頗低 前柱直壓龜岩 岩亦半被埋没 欄邊怪石 無復
有矣 嘗聞爾寬之打開舊址也 役者夢 白髮老人 狀如企靈 扶杖據龜岩歎曰斲削飛龍左角 子孫其
將敗矣 役者以告 爾寬怒叱曰 若令監降夢 豈不告我 而乃告於汝耶 乃勔建 工未畢 而遇橫厄
家計蕩然 此舍亦已毁賣 吁亦异哉 (水筒 舊自園後 引泉 橫越屋脊 落於庭中 承以大槽 今移在西
窩後)

곡수당(曲水堂)

하한대의 서쪽, 두 언덕의 중간 지점으로 경내가 아늑하고 소쇄하다. 공은 이곳을
사랑하여 수시로 왕래하였다.

원래 정자가 없던 곳인데, 학관이 조그마한 초당을 지어 휴식할 곳을 마련하자고 청했
다. 공은 건물을 짓는 것을 싫어하여 학관에게 맡겼다. 학관은 드디어 사재를 내어 이를
지었다.(집은 한 간에 사방으로 퇴를 달았으며, 남쪽 난간에는 取適, 서쪽은 益清이라는
편액을 달았다. 이는 모두 학관의 글씨이다.)

정자는 세연정보다는 다소 작지만 섬돌과 주춧돌을 놓은 곳이 정교함을 더하였다.
초당 뒤에는 평대(平臺)를 만들고 대의 삼면으로 담장을 둘러 좌우에 작은 문을 두었으
며, 그 중간에는 꽃과 과일나무를 심었다. 담의 서쪽 끝에는 물이 흐르고 있는데, 섬돌은
삼층으로 지형에 따라 만들어졌기에 높낮이가 일정하지 않다. 담 밑에 흐르는 물은 낙서
재 오른쪽 골짜기에서 흘러 정자 십여 보 아래에 이르러서는 조그마한 곡수(曲水)를
이루고 있으며, 이곳에 일삼교(日三橋)가 가설되어 있다.(학관은 항상 서재에 있었으나
공은 생존하여 당에 있었기에 이 다리를 거쳐 왕래하였다.)

일삼교에서 두어 걸음 돌아가면 유의교(有意橋)가 있고(언덕의 복숭아나무와 오얏나
무를 끼고 지었기 때문에, "떨어지는 꽃이 뜻이 있는 것 같다"는 의미를 취하였다) 이
밑에는 곡수가 되었다가 당 앞에 이르러서는 평지(平池)가 되었는 데, 물이 반석 위에
퍼져 깊지도 넓지도 않다. 그 아래에 월하탄(月下灘)을 만들었다.

옛날에는 월하탄 가에 담을 에운 죽림이 있었는데, 초당 뒤편이 더욱 무성했다 한다.
지금은 남김없이 다 베어냈고 그 밑에 불차문(不差門)을 냈다.

연못 서쪽 언덕 위에는 두어 층의 돌을 쌓아 익청헌(益清軒) 아래로 이어지는 무지개
다리를 가로질러 놓았다. 언덕 위에는 연못이 있고 연못 동쪽에는 작은 대를 쌓았다.
대 위에 석정(石亭)을 축조하고 그 밑에는 반석을 깔았다. 돌을 포개 쌓아 기둥을 세워
들보를 걸치고 조각돌로 덮었는데, 대체로 단단하고 매우 옛스러웠다. 취적헌(取適軒)
의 아래 유의교(有意橋)의 위에 연못을 파 놓았는데, 넓이는 대와 비슷하고 깊이는 두어
간이며 석축한 것이 꽤 높았다.

후면에는 두어 층의 작은 계단을 만들어 꽃과 괴석을 벌여 심었으며, 동남쪽에도 방대
(方臺)를 높이 축조하고, 대 위에는 암석을 쌓아 가산(假山)을 만들어 놓았는데 높이가
한 길 남짓하다. 다만 말쑥한 멋을 취했을 뿐 기교를 가미하지 않았고, 허리 부분에는

구멍 하나를 뚫어 그 가운데 석통(石筒)을 끼워 넣고 뒤에서 은통(隱筒, 숨은 홈통)으로 물을 끌어들여 구멍을 통하여 연못으로 쏟아지게 하고 이를 '비래폭(飛來瀑)'이라 불렀다. 이 연못에 물이 차면 수통을 가산 뒤로 옮겨 작은 언덕(短阜)에 대는데, 그 언덕에는 단풍나무·산다(山茶)나무·소나무들이 서 있다.(초당의 서남쪽 모퉁이 계단 위에는 白山茶 한 그루가 있는데, 높이는 처마를 웃돌고 눈빛의 꽃이 연못에 비치고 있다. 산다는 곧 속명으로 동백이다.)

夏寒之西 兩坡之中 地幽閒溝灑 公愛之 時常來往 而舊無亭 學官請構小堂 以爲遊憩之所 公厭於營建 令學官任之 學官遂以私財構之(一間四退 南欄曰取適 西曰益淸 皆學官筆也) 亭榭稍小 於洗然 而階砌柱礎 皆務精楚 堂後爲平臺 臺之三面爲牆 左右有小門 中植花果 墻之西端 臨水而階 凡三層 高下隨地 水自樂書右堅而來 去亭下十步許小曲 而爲曰三橋 (學官常在書齋 而公之在堂 往來由此故) 自橋轉數步爲有意橋 (挾岸桃李 故取落花如有意之義) 橋下爲曲水 達至堂前 爲平池 水鋪磐石上 不深不廣 下爲月下灘 灘邊 舊有竹林遶墻 至堂後 叢翳甚茂 今皆斫劃無餘 其下爲不差門 池西岸上 築石數等 橫跨虹橋於益淸軒下 岸上爲蓮池 池東築小臺 臺上築石亭 下鋪磐石 疊石爲柱架梁 而蓋以片石 樸牟甚古 取適之下 有意之上 鑿池 廣與坮相等 長數間 築石頗高 後面爲小階數層 列植花卉怪石 東南隅 高築方臺 臺上壘石爲假山 高可丈餘 只取瘦削 不施奇巧 腰鑿一竇 中挿石筒 自後隱筒引水 由竇中瀉於池 號飛來瀑 水滿 則移筒假山之後 臨以短阜 阜皆楓茶疎松 (堂之西南隅階上 有白山茶一樹 高過屋檐 雪花照池 山茶 卽俗名冬柏也

혁희대(赫羲臺)

혁희대는 하한대보다 조금 높은데, 안으로는 마을이 내려다보이고 밖으로는 황원포(黃原浦)를 대하고 있다. 이는 격자봉 다음가는 가장 높은 봉우리로서 정북을 향해 멀리 바라볼 수 있기 때문에 "높은 곳에 올라 고향을 바라본다(陞皇睨舊)"는 뜻을 취하여 명명하고, 궁궐을 연모하는 마음에서 붙인 것이다.

稍高於夏寒 內瞰一洞 外對黃原浦 此格紫以下最高峰 而正北向遠望 故取陞皇睨舊之義 而名之 以寓戀闕之意

낭음계(朗吟溪)

격자봉 서쪽 세번째 골짜기로 심원(深遠)하게 돌고돌았는데, 수석이 더욱 기절하다. 옛날에는 술잔을 흘려보내는 곡수(曲水)와 목욕반(沐浴盤)이 있었고, 송삼(松杉)이 울창하고 암벽(岩壁)이 깨끗하다. 공은 여가가 있을 때마다 죽장(竹杖)을 끌고 소요하고 영가(詠歌)하면서 돌아오곤 하였다 한다.

格紫西第三壑縈廻深遠 水石尤絶奇 舊有流觴曲水沐浴盤 松杉幽翳岩厓淨潔 公每於暇日 竹杖逍遙 詠歌而歸云

─尹愇, 1748년
─李廷燮 國文飜譯

79

漁父四時詞

春詞

앞강에 안개 걷고 뒷산에 해 비친다
배 띄워라 배 띄워라
썰물은 물러가고 밀물이 밀려온다
찌거덩 찌거덩 어야차
강촌의 온갖 꽃이 먼 빛이 더욱 좋다

날씨가 덥도다 물 위에 고기 떴다
닻 들어라 닻 들어라
갈매기 둘씩 셋씩 오락가락하는구나
찌거덩 찌거덩 어야차
낚싯대는 쥐고 있다 탁주병 실었느냐

동풍이 잠깐 부니 물결이 곱게 인다
돛 달아라 돛 달아라
東湖를 돌아보며 西湖로 가자꾸나
찌거덩 찌거덩 어야차
앞산이 지나가고 뒷산이 나아온다

우는 것이 뻐꾹샌가 푸른 것이 버들숲가
배 저어라 배 저어라
어촌의 두어 집이 안개 속에 들락날락
찌거덩 찌거덩 어야차
맑은 깊은 연못에 온갖 고기 뛰논다

고운 볕이 쬐이는데 물결이 기름 같다
배 저어라 배 저어라
그물을 넣어 둘까 낚싯대를 놓으리까
찌거덩 찌거덩 어야차
漁父歌에 흥이 나니 고기도 잊겠도다

석양이 기울었으니 그만하고 돌아가자
돛 내려라 돛 내려라
물가의 버들 꽃은 고비고비 새롭구나
찌거덩 찌거덩 어야차
정승도 부럽잖다 萬事를 생각하랴

芳草를 밟아 보며 蘭芷도 뜯어 보자
배 세워라 배 세워라
한 잎 조각배에 실은 것이 무엇인가
찌거덩 찌거덩 어야차
갈 때는 안개더니 올 때는 달이로다

醉하여 누웠다가 여울 아래 내려가려다가
배 매어라 배 매어라
떨어진 꽃잎이 흘러오니 神仙境이 가깝도다
찌거덩 찌거덩 어야차
인간의 붉은 티끌 얼마나 가렸느냐

낚싯줄 걸어 놓고 봉창의 달을 보자
닻 내려라 닻 내려라
벌써 밤이 들었느냐 두견 소리 맑게 난다
찌거덩 찌거덩 어야차
남은 흥이 무궁하니 갈 길을 잊었더라

내일이 또 없으랴 봄밤이 그리 길까
배 붙여라 배 붙여라
낚싯대로 막대 삼고 사립문을 찾아보자
찌거덩 찌거덩 어야차
어부의 평생이란 이러구러 지낼러라

夏詞

궂은 비 멈춰가고 시냇물이 맑아온다
배 띄워라 배 띄워라
낚싯대를 둘러메니 깊은 흥이 절로 난다
찌거덩 찌거덩 어야차
산수의 경개를 그 누가 그려낸고

蓮잎에 밥을 싸고 반찬을랑 장만 마라
닻 들어라 닻 들어라
삿갓은 썼다마는 도롱이는 갖고 오냐
찌거덩 찌거덩 어야차
무심한 갈매기는 나를 쫓는가 저를 쫓는가

마름잎에 바람 나니 봉창이 서늘하구나
돛 달아라 돛 달아라

여름 바람 정할소냐 가는대로 배 맡겨라
찌거덩 찌거덩 어야차
남쪽 개와 북쪽 강 어디 아니 좋겠는가

물결이 흐리거든 발 씻은들 어떠하리
배 저어라 배 저어라
吳江에 가자 하니 子胥怨恨 슬프도다
찌거덩 찌거덩 어야차
楚江에 가자 하니 屈原忠魂 낚을까 두렵다

버들숲이 우거진 곳에 여울돌이 가륵하다
배 저어라 배 저어라
다리에서 앞다투는 어부들을 책망 마라
찌거덩 찌거덩 어야차
백발노인을 만나거든 舜帝 옛 일 본을 받자

긴 날이 저무는 줄 흥에 미처 모르도다
돛 내려라 돛 내려라
돛대를 두드리며 水調歌를 불러 보자
찌거덩 찌거덩 어야차
뱃소리 가운데 만고의 수심을 그 뉘 알꼬

석양이 좋다마는 황혼이 가까왔도다
배 세워라 배 세워라
바위 위에 굽은 길이 솔 아래 비껴 있다
찌거덩 찌거덩 어야차
푸른 나무숲 꾀꼬리 소리 곳곳에 들리는구나

모래 위에 그물 널고 배 지붕 밑에 누워 쉬자
배 매어라 배 매어라
모기를 밉다 하랴 쉬파리와 어떠하냐
찌거덩 찌거덩 어야차
다만 한 근심은 桑大夫 들을까 두렵다

밤 사이 바람 물결 미리 어이 짐작하리
닻 내려라 닻 내려라
사공은 간 데 없고 배만 가로놓였구나
찌거덩 찌거덩 어야차
물가의 파란 풀이 참으로 불쌍하다

내 방을 바라보니 흰 구름이 둘러 있다
배 붙여라 배 붙여라
부들부채 가로 쥐고 돌길 올라가자
찌거덩 찌거덩 어야차
漁翁이 閑暇터냐 이것이 구실이다

秋詞

物外의 맑은 일이 어부 생애 아니던가
배 띄워라 배 띄워라
漁翁을 웃지 마라 그림마다 그렸더라
찌거덩 찌거덩 어야차
사철 흥취 한가지나 가을 강이 으뜸이라

강촌에 가을이 드니 고기마다 살쪄 있다
닻 들어라 닻 들어라
넓고 맑은 물에 실컷 즐겨 보자
찌거덩 찌거덩 어야차
인간세상 돌아보니 멀도록 더욱 좋다

흰 구름 일어나고 나무 끝이 흔들린다
돛 달아라 돛 달아라
밀물에 西湖 가고 썰물에 東湖 가자
찌거덩 찌거덩 어야차
흰 마름 붉은 여뀌꽃 곳마다 아름답다

기러기 떠 있는 밖에 못 보던 강 뵈는구나
배 저어라 배 저어라
낚시질도 하려니와 취한 것이 이 흥취라
찌거덩 찌거덩 어야차
석양이 눈부시니 많은 산이 금수 놓였다

크다란 물고기가 몇이나 걸렸느냐
배 저어라 배 저어라
갈대꽃에 불을 붙여 골라서 구워 놓고
찌거덩 찌거덩 어야차
질흙병을 기울여 바가지에 부어다고

옆 바람이 곱게 부니 다른 돗자리에 돌아온다

돛 내려라 돛 내려라
어두움은 가까이 오되 맑은 흥은 멀었도다
찌거덩 찌거덩 어야차
단풍잎 맑은 강이 싫지도 밉지도 아니하다

흰 이슬 비꼈는데 밝은 달 돋아온다
배 세워라 배 세워라
宮殿이 아득하니 맑은 빛을 누를 줄꼬
찌거덩 찌거덩 어야차
옥토끼가 찧는 약을 快男兒에 먹이고저

하늘 땅이 제각긴가 여기가 어디메뇨
배 매어라 배 매어라
바람 먼지 못 미치니 부채질하여 무엇하리
찌거덩 찌거덩 어야차
들은 말이 없었으니 귀 씻어 무엇하리

옷 위에 서리 오되 추운 줄을 모르겠도다
닻 내려라 닻 내려라
낚싯배가 좁다 하나 속세와 어떠한가
찌거덩 찌거덩 어야차
내일도 이리 하고 모레도 이리 하자

솔숲 사이 내 집 가서 새벽달을 보자 하니
배 붙여라 배 붙여라
空山 落葉에 길을 어찌 찾아갈꼬
찌거덩 찌거덩 어야차
흰 구름 따라오니 입은 옷도 무겁구나

冬詞

구름 걷은 후에 햇볕이 두텁도다
배 띄워라 배 띄워라
천지가 막혔으니 바다만은 여전하다
찌거덩 찌거덩 어야차
끝없는 물결이 비단을 편 듯 고요하다

낚싯줄대 다스리고 뱃밥을 박았느냐
닻 들어라 닻 들어라

瀟湘江 洞庭湖는 그물이 언다 한다
찌거덩 찌거덩 어야차
이때에 고기 낚기 이만한 데 없도다

얕은 개의 고기들이 먼 소에 다 갔느냐
돛 달아라 돛 달아라
잠깐 날 좋은 때 바다에 나가 보자
찌거덩 찌거덩 어야차
미끼가 꽃다우면 굵은 고기 문다 한다

간 밤에 눈 갠 후에 景物이 다르구나
배 저어라 배 저어라
앞에는 유리바다 뒤에는 첩첩옥산
찌거덩 찌거덩 어야차
仙界인가 佛界인가 人間界가 아니로다

그물 낚시 잊어두고 뱃전을 두드린다
배 저어라 배 저어라
앞개를 건너고자 몇 번이나 생각하고
찌거덩 찌거덩 어야차
공연한 된바람이 혹시 아니 불어올까

자러 가는 까마귀가 몇 마리나 지나갔느냐
돛 내려라 돛 내려라
앞길이 어두운데 저녁눈이 꽉 차 있다
찌거덩 찌거덩 어야차
거위떼를 누가 쳐서 羞恥를 씻었던가

붉은 낭떠러지 푸른 벽이 병풍같이 둘렀는데
배 세워라 배 세워라
크고 좋은 물고기를 낚으나 못 낚으나
찌거덩 찌거덩 어야차
孤舟에 도롱 삿갓만으로 흥에 넘쳐 앉았노라

물가에 외롭게 선 솔 홀로 어이 씩씩한고
배 매어라 배 매어라
험한 구름 원망 마라 인간세상 가린다
찌거덩 찌거덩 어야차
파도 소리 싫어 마라 속세 소리 막는도다

滄洲가 우리 道라 옛부터 일렀더라
닻 내려라 닻 내려라
七里灘에 낚시질하던 嚴子陵은 어떻던고
찌거덩 찌거덩 어야차
십년 동안 낚시질하던 강태공은 어떻던고

아 날이 저물어 간다 쉬는 것이 마땅하다
배 붙여라 배 붙여라
가는 눈 뿌린 길에 붉은 꽃이 흩어진 데
흥청거리며 걸어가서
찌거덩 찌거덩 어야차
눈달이 西山에 넘도록 松窓을 기대어 있자

──尹善道『孤山遺稿』, 1651년(효종 2년)
──朴晟義 現代譯

정재훈(鄭在鑂)은 1938년 경남 진주 출생으로
한양대 환경과학대학원에서 조경학을 수학하였다.
文化財專門委員, 한양대 강사, 韓國造景學會
상임이사, 韓國美術史學會 會員, 文化財管理局長,
문화체육부 생활문화국장 등을 역임하고,
현재 한국전통문화학교 전통조경학과 교수로 있다.
저서로는『한국의 옛 조경』『소쇄원』등이 있고,
논문으로는「慶州 雁鴨池와 昌德宮 後苑의
比較考察」「韓國의 造苑美」「百濟의 造苑」등
다수가 있다.

황헌만(黃憲萬)은 1948년 서울 출생으로,
서라벌예술대학 사진과를 졸업했다. 중앙일보사
출판사진부 기자를 거쳐, 현재 스튜디오를
운영하고 있다. 사진집으로『장승』『초가』
『조선땅 마을지킴이』『도산서원』
『한국의 세시풍속』등이 있다.

교양 한국문화사-2
보길도 부용동 원림
정재훈 글
황헌만 사진

초판발행 ——— 1990년 6월 15일
3쇄발행 ——— 2004년 4월 15일
발행인 ——— 李起雄
발행처 ——— 悅話堂
　　　　　　　경기도 파주시 교하읍 문발리 520-10 파주출판도시
　　　　　　　전화 031)955-7000 팩시밀리 031)955-7010
　　　　　　　http://www.youlhwadang.co.kr
　　　　　　　e-mail:yhdp@youlhwadang.co.kr
등록번호 ——— 제10-74호
등록일자 ——— 1971년 7월 2일
편집 ——— 김수옥 · 전미옥 · 공미경
북디자인 ——— 차명숙 · 기영내
인쇄 ——— 홍일문화인쇄
제책 ——— 가나안제책

＊값은 뒤표지에 있습니다.

Published by Youlhwadang Publisher
ⓒ 1990 by Chung, Jae-hoon
Printed in Korea